▲ 95式轻型坦克。

▲ 1936年型苏制T-26轻型坦克。中国军队使用的苏制T-26轻型坦克大都被涂成了带浅黄色条纹的草绿色。青天白日车徽被喷涂在车体两侧。

▲ M5A1轻型坦克。美国海军陆战队陆战4师师属坦克营有时会在草绿色的车身上喷涂土黄色条块。

▲ M3轻型坦克（1942年瓜达尔卡纳尔战役期间，美国海军陆战队陆战1师师属坦克营装备）。

▶ M3轻型坦克
（1942年菲律
宾日军第7坦克
团装备）。

▲ 英制（加拿大产）瓦伦丁MK3型步兵坦克，这辆坦克的炮塔和车体上部被涂成了特殊的深绿色底色，并为了表现出阳光穿过树林的树叶照在车上的效果而零星点缀有一些黄色斑点，至于行动部分和底盘则被潦草的涂上了一层棕色防锈漆。

▲ 97式中型坦克（1944年塞班岛日军第9坦克联队装备）。1942年，日本军方下令更改坦克的伪装色，一种特别的柳绿色替代了原先的土黄色底色。我们看到原先的土黄色仍然在图中的这辆坦克上被使用。但根据1942年新颁布的日军坦克涂装条令这种色块应该全被去除，并且要将悬挂系统和底盘全都涂成干绿色以防止锈蚀。

▲ 97式中型坦克（1941年12月马来亚日军第1坦克联队装备）。这辆97型坦克的涂装是日本坦克在这一时期的典型标准配备。坦克的底色被称为土黄色，但实际却是草绿色的一种。有两种其他的颜色覆盖其上：干草色（一种灰暗的如沙子般的颜色）和暗棕色，并在中间夹杂有一道不规则的黄色条纹，从上向下看，就像一条以炮塔为中心的波浪线。

▲ BT-7M快速坦克（苏联第77坦克旅装备）。1945年8月对远东展开进攻的苏联坦克一般都会漆成深绿色，也有些会在车身中央下部和车身顶部漆有白色细条纹的对空识别标识。

▲ 马蒂尔达步兵坦克。澳大利亚的马蒂尔达坦克很明显是以深绿色涂装为主体。他们在坦克中部仔细地涂绘了全套的制式标识：包括在车身上表示安全水深的一条红色标识，以及炮塔储物箱上的个性标识（这个标识的颜色与意义都不太清楚，它们可能只是一种装饰物）。

▲ 97改中型坦克（1945年菲律宾吕宋岛日本陆军第2战车师团第7联队第3中队装备）。

▲ 97改中型坦克（1944年塞班岛日本陆军第9坦克联队装备）。这辆坦克拥有1942年标准的土黄色和干绿色迷彩涂装。同时，我们从炮塔顶部断开的白色条纹以及金黄色五角星能够判断出这是一辆第9坦克联队队部的指挥车。

◀ M4A2W"谢尔曼"中型坦克（1945年冲绳战役美国海军陆战队陆战1师师属坦克营装备）。这个营的坦克采用了一种不寻常的土黄色涂装，它们的战术编码则被喷在了代表所属连的几何图形中。

▶ M4A2W"谢尔曼"中型坦克（1945年硫磺岛战役美国海军陆战队陆战4师师属坦克营装备）。为了适应作战环境，这辆无线电呼号为"飞来去器"的M4A2W"谢尔曼"被涂成了以土黄色为底色带有草绿色条纹的迷彩，其白色"15"战术编号在炮塔一侧清晰可见。

▲ M3"李"中型坦克，缅甸战场上的英军装甲部队常常将他们的美制坦克喷涂成深绿色。

▶ 105毫米M4火力支援型坦克。美军坦克手特意为自己的座车糊上了一层石灰，以增强掩蔽效果。

▲ M113装甲人员输送车。

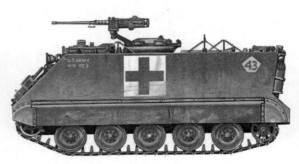

▲ 由普通M113装甲人员输送车改装而来的装甲救护车。

◀ M113ACAV骑兵战车。

▲ M551早期生产型。

▲ 40毫米M42自行高射炮。

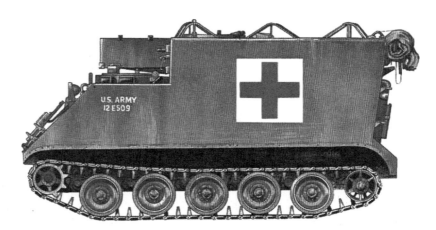

▶ M557A1装甲救护车。

▲ 简易装甲车，由一辆5吨卡车和一个从战损M113ACAV拆下的车体改装而成。

▲ M24 "霞飞"轻型坦克（1954年奠边府战役中，法国远征军装备）。

▲ M24 "霞飞"轻型坦克（南越陆军第3装甲侦察团装备）。

▲ T-54主战坦克。

太平洋装甲战
1941—1975

★邓涛 著★

中国长安出版社

图书在版编目（CIP）数据

太平洋装甲战：1941~1975 / 邓涛著. -- 北京：
中国长安出版社, 2014.8
 ISBN 978-7-5107-0686-8

Ⅰ.①太… Ⅱ.①邓… Ⅲ.①太平洋战争－装甲兵部
队－战争史－1941~1975 Ⅳ.①E195.2

中国版本图书馆CIP数据核字(2014)第181432号

太平洋装甲战 1941—1975

邓涛 著

策划制作：指文图书®

出版：中国长安出版社

社址：北京市东城区北池子大街 14 号（100006）

网址：http://www.ccapress.com

邮箱：capress@163.com

发行：中国长安出版社

电话：（010）85099947 85099948

印刷：重庆市蜀之星包装彩印有限责任公司

开本：787 毫米 ×1092 毫米　16 开

印张：11.5

字数：250 千字

版本：2019 年 1 月第 2 版 2019 年 1 月第 1 次印刷

书号：ISBN 978-7-5107-0686-8

定价：89.80 元

前　言

~~~~~~

　　尽管不同于西欧或是东线战争，在亚太地区进行的战争一向被认为机械化对抗程度不高，但事实上，20世纪30年代到70年代的东亚、东南亚、太平洋诸岛以及印度支那半岛的确上演了连绵不断且极富地域特色的装甲机械化战争。

　　本书正是从这样一个一向被视为"荒漠般的领域"为切入点，详细地将这一段历史还原出来。

　　全书分为两大部分，按时间顺序，分为"1941—1945年太平洋战争时期的装甲机械化战争"及"1954—1975年发生在越南及印度支那半岛上的装甲机械化战争"。详细地从技术、政治历史背景、战役态势、战术运用、战例等方面，将"太平洋装甲战"以多层面、多角度的方式全景展示出来。

目 录
CONTENTS

第一部

太平洋装甲战
（1941—1945）

　　一般认为，第二次世界大战中，真正意义上的地面机械化战争只发生在东线。以至于有人说，东线战争似乎就是一个个分散在漫长战线上的德国士兵和铺天盖地、咆哮而来的大群T-34坦克间的战斗。当然，这种场景对苏联人来说也一样——坦克和反坦克作战成为了这场战争中永恒不变的主题。

　　同期的太平洋战争，在人们的印象中，似乎是由一场又一场波澜壮阔的海空大战所构成，尽管鲜为人知，却不代表装甲机械化战争的形态在这一区域未曾出现过。"敌人的力量主要依靠他们的坦克。很明显，我们同美国军队的战斗就是同他们的M3和M4坦克之间的战斗。"这是日本第32陆军部队指挥官牛岛满中将，在1945年春准备率领他的部队前往冲绳同美军进行最后的决战时所说的话。对于那些很少接触太平洋战争中坦克战的军事历史学家来说，他的这种说法可能会令他们感到惊讶，甚至嗤之以鼻。但事实上，虽然舰炮低沉的怒吼和飞机引擎的尖啸似乎淹没了一切，可如果仔细聆听，我们仍会发现坦克发动机的轰鸣其实充斥在这场战争的每个角落。

第一章

1941年12月：战争的开始

1941年12月7日，当日本以偷袭珍珠港的方式揭开了太平洋战争的序幕时，日本关东军早已陷入了亚洲大陆战争的汪洋之中——在这片大陆战争的泥沼中，关东军除了不断地对孱弱的中国进行缓慢地吞食外，还也在1938年的哈桑湖和1939年的哈勒欣河与苏联红军发生了两次大规模的战斗。在此前发生的战斗中，面对装备低劣的中国军队，日军坦克部队展现出了相当明显的优势，这使日本军方逐渐产生了"日本坦克东亚无敌手"的轻狂心理。讽刺的是，这样一来反倒限制了日本坦克的发展。日军坦克部队主力装备不过是以法国雷诺FT-17为原型的日本参照设计仿制版——即所谓的"89式中型坦克"，并以少量最新型的95式轻型坦克和97式中型坦克为辅助。在以1937年卢沟桥事变为导火索的全面侵华战争打响时，这些在一战古董基础上修修改改而来的日本山寨货其实早已落后于时代，只不过凭着对手完全缺乏任何现代化反坦克手段，才得以在中国战场上大肆逞威。

1939年诺门罕战役的惨败，大大震惊了日本陆军。日本人猛然间发现，苏联红军不但装备了大量现代化装甲技术兵器（与俄国人的BT-5相比，日本人手中最新式的95式轻型坦克与97式中型坦克仍显劣势），而且还对机械化战争进行过深刻而细腻的研究。作为一种本能反应，日军紧急推出了一种装备了一门长身管47毫米炮的97改中型坦克（与此前短身管的57毫米炮相比，更强调了反坦克能力），企图以此拉平日苏双方在装甲技术兵器上的质量差距。日本陆军片面地认为他们所装备的坦克的低劣性能是关东军中最精锐的部队失败的主要原因之一，但实际上，问题在于日本军队的建设重心向来在于海空，对陆军的资源投入一向不足，只是一味地要求士兵和低级军官发扬"肉弹胜钢弹"的武士道精神。这种97改中型坦克的生产优先权很低——直到1943年，才拥有了足够数量的97改坦克，可惜这个时候，它已经再一次过时……当然，随着1941年12月太平洋战争的爆发，

▲ 1944年，日本陆军第14步兵师团（甲种师）师属坦克中队装备的95式轻型坦克，第14步兵师团的坦克以传统的三菱星升日图案标记。该标记有很多样式，一些别出心裁者还会在每个尖角中心增加一个光圈；同时，该图案也可能被涂成不同的颜色（如红、白、黄）以示区分。

日军装甲力量在规模上还是得到了一定程度的增强。比如，驻扎在我国东北（伪满洲国）的关东军混合机械化支队被重编为第1、第2坦克旅团（每个旅团包括3个坦克联队）。除此之外，日本陆军还组建了数量多达12个的其他独立坦克联队，作为在进攻作战中的突击力量。陆军的10个甲种常备步兵师均编有一个坦克中队，通常装备9辆95式轻型坦克，许多步兵团也都有一个装备94式超轻型坦克（日本制造的坦克，外号"小豆坦克"）的搜索中队以替代传统的骑兵。

在1941年以前，日军主要在中国北部的舒适气候环境下作战，并没有任何丛林作战经验。但日军却乐观地相信，在他们的下一个目标——西南太平洋战场的丛林中，坦克一定能像在中国战场上那样，发挥"意料之中的巨大作用"。有意思的是，日本人的这种盲目而无知的自信，却得到了对手们出人意料的"配合"，尽管在理论上，盘踞东南亚的欧洲殖民军不应像中国军队那样极度缺乏现代化装甲或反装甲武器。1941年12月，当日本人开始发动两栖袭击时，这些骄傲的欧洲殖民军的的确确还没有做好充足的准备。英国人舍不得抽调他们在欧洲战场上的宝贵装甲力量，仅为新加坡和马来亚的驻军装备了少量的兰彻斯特和马蒙·哈宁顿式装甲车；至于迟迟才为太平洋战场分配的两个坦克团，在日军发动突袭时，它们仍在途中。荷属东印度（即印度尼西亚）军队（KNIL）计划以675辆坦克加强他们的力量——75辆维克斯卡登·洛伊德1936年式轻型坦克、600辆马蒙·哈宁顿式轻型坦克，然而当日军开始出现时，这些纸面上的装甲力量仅49辆到位。当然，荷属东印度军原本也有些零散的装甲连，其中一个装备有12辆阿尔维斯·斯特劳斯勒AC3D，一个装备有本地制造的Overvalwagen装甲车和美国M3A1轻型坦克，还有一个装备有克虏伯Panzerkraftwagen I号轻型坦克。至于控制着菲律宾的美国人，情况也没好到哪里去，当1941年12月战争的阴云开始笼罩时，美国国会才急急忙忙地批准向菲律宾的吕宋岛派遣由第192和第194坦克营组成的暂编坦克群，这个坦克群共装备有108辆M3轻型坦克、50辆M3式75毫米火炮搭载车（一般称为SPMS自行火炮）。上述数字加在一起，就是在太平洋战争开战前，盟军（也可以说是西方殖民军）在东南亚装甲力量的全部家底。当然，考虑到日本的战车部队力量也没好到哪里去，若能合理利用这支装甲力量，倒也勉强能应对，但现实情况会尽如人意吗？

◀ 这辆日军从中国军队手中缴获的德制Pz.Kpfw.I Aust A.轻型坦克的展示，达到了日军鼓舞士气的目的。

▲ 荷属东印度军队装备的哈林顿·马蒙轻型坦克。荷属东印度军队在1941年初就提出了规模庞大的重新武装计划。但在战争爆发前，只来得及将计划中600辆哈林顿·马蒙轻型坦克中的25辆运来抵御日军的进攻。

第二章

日本坦克部队的快速推进

英国在太平洋上的关键枢纽是位于新加坡的海军基地，当时的新加坡被认为是一座无法攻破的坚固城市。英国人认为这座城市周围的糟糕地形使它不能被任何军队包围，遗憾的是日本人却不这样认为。1941年12月8日，日本军队在马来亚半岛北端的颈部地带进行了一次两栖登陆作战，山下奉文将军麾下第25军集中下辖的第1、第6、第14坦克联队，共211辆坦克发动攻势，其中第1坦克联队（40辆97式中型坦克和12辆95式轻型坦克）于1941年12月11日突破了珀西瓦尔将军的耶特拉防线，1942年1月7日第6坦克联队突破新加坡北面的

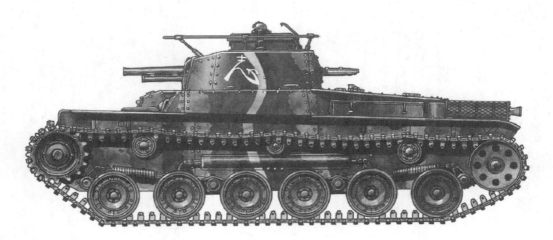

▲ 1941年12月，马来亚日军第1坦克联队装备的97式中型坦克。在马来亚战役期间，第1坦克联队的第3中队负责执行突破英属吉他岛防线的任务。值得注意的是，该联队所属4个中队在坦克的炮塔边上分别标有不同的字母，这四个字母可以构成单词"Tsukushion"的缩写，也就是第1坦克联队队部的驻扎地。当然，这个联队的有些坦克也会在车身上喷涂两个连续的罗马数字，但这种战术编号并没有什么特殊含意。

▲ 1941年菲律宾战役中的日本89式中型坦克。1941年12月，第4和第7坦克联队是侵菲日军的全部装甲力量。本图是1942年1月3日，第7坦克联队第1中队的一辆89式中型坦克正在穿越一条新建的浮桥以避开马尼拉6号公路。虽然它是一种过时的法国坦克仿制品，但在面对装备不全的步兵时，它仍然是一种强力的装甲车。车体侧面由4位数字构成的战术编号采用的还是20世纪30年代日军通用的编码方式，战术编号的前两个数字显然表示的是坦克型号。

▲ 1941年驻菲美军暂编坦克团的M3"斯图亚特"轻型坦克。由第192和第194坦克营组成的驻菲美军暂编坦克团在1941年—1942年的菲律宾保卫战中，与日军第4和第7坦克联队的95式、97式坦克发生了多次小规模坦克战。

斯林河防线时，发生了最重要的坦克战。此后，英国人认为不可能发生的事情发生了，新加坡于1942年2月15日陷落，这其中至少有部分功劳应归属于日军对坦克的有效使用，特别是在那次关键性的坦克战中。

日军用于菲律宾方向的战车部队规模要稍小于马来亚方向，随日军在菲律宾登陆的是第4和第7坦克联队（第4坦克联队参与过诺门罕战役，是日军中罕见地拥有坦克战经验的王牌部队）。日本人在吕宋岛仁牙因湾登陆之后不久，美军那个暂编坦克群就发动了反冲击。1941年12月22日，日军第4坦克联队的95式轻型坦克同美军第192坦克营在达姆瑞蒂斯

（Damortis）附近发生了太平洋战争中第一场真正意义上的坦克战，两支坦克部队持续进行了一系列互有胜负的小规模战斗，直到美军开始全线撤退，双方的坦克才开始脱离接触。此后，第4坦克联队继续作为日军突击的装甲先锋，而编制仍然保持大体完整的美国坦克群则被化整为零，充当美军撤退的后卫。可惜在组织糟糕的撤退途中，由于高级指挥官缺乏对坦克部队指挥的经验，美国暂编坦克团不必要地损失了许多坦克，最后只有少量幸存的M3轻型坦克随美军后卫退入了巴丹半岛。其间，最后一场美日坦克战发生于1942年4月7日，两辆日军坦克在巴丹被美国M3轻型坦克击毁。

▲ 1942年，菲律宾日军第7坦克团的M3轻型坦克。在1941年末到1942年初的胜利大进军中，日本人从防守菲律宾的美国陆军坦克部队手中得到了大量的M3轻型坦克战利品，第7坦克联队将其中部分状态良好的战利品坦克收入囊中，并参加了1942年春对菲律宾地区的最后一战。这些被临时使用的M3轻型坦克最初只是被简单地喷涂成草绿色，并且没有标准的战术编号。直到战役结束后，这些尚有使用价值的战利品坦克才被日军认真对待。图中的这辆坦克被添加了第7坦克联队的传统标记——炮塔上的奥卡（樱花），并能在车体侧面清晰地看到由4位数字组成的战术编号，其中前两位数字表示服役的年份（日本天皇纪元），后两位数字则表示单车。值得注意的是，这辆坦克的后部还有日本人自行加装的行李架。

1942年1月，日本陆军第7坦克联队第2中队的一辆95式轻型坦克正在穿越由尖顶竹子栅栏构成的反空降阵地。95式轻型坦克是日军在太平洋战场上使用最广泛的轻型坦克，从1941年到1945年的每场主要战斗几乎都会出现它的身影。这种坦克与美军的M3中型坦克大体相似，但装甲更为薄弱，战斗力有限。

　　有意思的是，在菲律宾的战斗中，主要的战斗任务大都由第4坦克联队承担了，作为预备队的第7坦克联队却捡到了不少"洋落儿"——他们利用其他受损坦克上的零件将部分缴获的M3轻型坦克进行了修复，然后将其纳入了自己的战斗序列，这使该联队的实力相比战前不降反升。于是，在巴丹陷落后，日军指挥官决定让第7坦克联队，而不是疲惫的第4坦克联队，担当科雷吉多尔岛登陆作战的主要支援任务。经过了补充之后的日军第4坦克联队，主力于1942年3月被运到爪哇，可惜这时荷属东印度的大部分地区已经陷落了。所以日军坦克部队没有同荷军坦克打过任何照面，甚至连荷军坦克同日军步兵交战的记录也很少，可以说，荷兰在东印度的地面部队莫名其妙地溃散了。不过值得一提的是，由于第7坦克联队对97式坦克上的57毫米坦克炮评价不佳，在战前，他们特意申请补充了少量刚出厂的97改坦克；在科雷吉多尔登陆行动中，第7坦克联队特别抽出了2辆珍贵的97改，与1辆被缴获的M3轻型坦克一起，由特遣部队指挥官松冈少

佐直接指挥，这是97改的首次亮相。虽然用于科雷吉多尔登陆的日本坦克仅有区区3辆，但当地美军却没有任何反坦克武器，结果在科雷吉多尔主隧道附近出现的日本坦克成为了压倒骆驼的最后一根稻草——美军的心理防线崩溃了，菲律宾的悲惨命运暂时落下了帷幕。

　　伴随着在马来亚取得的胜利，日军趁势攻入了缅甸，希望由此打开通往印度的道路，将大英帝国皇冠上的这颗明珠一举收入囊中。为此，日军集中了第1、第2、第14坦克联队作为全军支援——这种力度相对于日本陆军装甲力量的规模而言，已经是很大的手笔了。而作为硬币的另一面，此时在缅甸共有两支盟军装甲部队在等待着日军的到来，一支是刚刚抵达的英军第7装甲旅，任务是阻止日军进入或接近印度边境；另一支则是中国第200机械化师（主要装备是苏制T-26轻型坦克），中国政府试图依靠手中这支唯一的机械化部队，努力维持由印度和缅甸通向中国西南部地区运输生命线的畅通。英军第7装甲旅的编成虽然仓促，但构成其基干的两支部队

◀ 1942年1月，驻菲美军装备的75毫米M3自行反坦克炮。在太平洋战争初期，以M3半履带车为底盘的75毫米自行反坦克炮实际上承担着从反坦克到炮火支援的广泛任务。

◀ 1942年2月，一辆被抛弃的驻菲美军75毫米M3自行反坦克炮。日军曾缴获过一些完好的75毫米M3自行反坦克炮，并在1944年到1945年的菲律宾战役中（当然，这次攻守双方完全调了个位置）用来对付它们原来的主人。

▲ 1942年入侵菲律宾的战斗结束后，日军第7坦克联队正在炫耀其装备的战利品——M3"斯图亚特"轻型坦克，以鼓舞士气。

◀ 科雷吉多尔登陆行动中，97改中型坦克正式亮相。47毫米长身管坦克炮要比原先的57毫米短管坦克炮在反装甲性能上略强一些。

却是久经沙场的装甲劲旅——第2皇家坦克团和第7轻骑兵团是直接从北非战场抽调来的，第7轻骑兵团装备的M3轻型坦克仍喷着沙漠涂装。这支部队原来准备用于增援新加坡守军，当新加坡沦陷的消息传来后，就转而调往仰光。遗憾的是，这样一支战斗经验丰富、实力不俗的装甲劲旅，却在后来的拙劣指挥下，几乎断送在缅甸战场的鏖战中——第7装甲旅被拆成几个小规模营级战斗群参加了一系列损失惨重的后卫战斗，其中包括与日军第14坦克联队发生的几次混战，当其残部抵达印缅边境防线时，这支部队已所剩无已，其中的第7轻骑兵团甚至只有一辆斯图亚特坦克还保持在可用状态。

中国第200机械化师的主力则由一个坦克团和一个摩托化步兵团组成，主要装备是1938年到1939年购买的苏联T-26轻型坦克（有趣的是，这种苏联坦克其实是英国维克斯6吨轻型坦克的苏联仿制品）。作为一个连步枪子弹都无法保证供给的国家，中国人当然对把这支唯一且来之不易的装甲部队派往国外战场有所顾虑，但在史迪威将军就日军切断从缅甸向中国

的援助路线的灾难性后果向蒋介石提出警告后，这位盟军中国战区的司令长官还是派出了包括第200机械化师在内的一支远征军。悲惨的是，与英国盟军一样，这支部队在延缓日军前进的过程中，也遭受了惨重的损失，尽管他们在1942年3月的胡康河谷战斗中给人们留下了深刻的印象。事实上，在走出野人山之后，人们就悲愤地发现，中国唯一的机械化师实际上已经不复存在了……

总的来说，在从1941年年底到1942年年底的太平洋战争第一阶段里，相对于准备糟糕、战术呆板的对手们，日本人之所以能在太平洋战争初期取得一连串胜利，很大程度上依赖于对坦克部队充满想象力的大胆使用，这其中既有苏联人在诺门罕给予日本人的"礼物"，也有日本人有赌徒式的运气因素。至此，美英两国为他们对日本的轻视付出了代价，曾经对抵御日本坦克怀揣的那些想当然的信心也遭受了严重打击。也正因如此，美英两国看清了太平洋战场对坦克部队的旺盛需求，于是两国开始生产出更好的坦克、组建起更多的装甲部队，将他们派回太平洋战场。

◀ 1942年，缅甸战场上的中国第200机械化师装备的1936年型苏制T-26轻型坦克。虽然图中的这辆T-26并没有任何数字标识，但据资料考证，有一些中国军队装备的T-26坦克将3位数字的战术编码喷涂在了车身两侧和车体后部。

◀ 中国军队第200机械化师的1936年型苏制T-26轻型坦克。第200机械化师以87辆苏制T-26轻型坦克为主力，这些坦克参加了1942年3月胡康河谷战斗，以阻止日军切断从缅甸到中国大西南的补给线。

◀ 入侵新加坡的战斗结束后，日军正在检查缴获的英军履带式通用运输车和布伦机枪车。

具讽刺意味的是，开战初期令人眼花缭乱的胜利似乎令日本军队感到十分满足，使得日本在1942年和1943年的大部分时间里，对提高他们的坦克技术所做出的努力少之又少，以至于在战前就已投入小批量生产的97改坦克甚至因坦克生产在日本重工业中的优先级过低而被搁置。可以说，在日本人的得意忘形中，本来就已经过时落后的日本坦克技术与发达国家的差距被进一步拉大了。

不过，日本的坦克设计和新型坦克的研发虽然停滞不前，但日本坦克部队的编成却在不断变化中。比如，受欧洲战场德国闪电战成功的影响，在1942年7月，日本人也尝试着将驻扎在中国东北地区的两个坦克旅团扩编成一个规模巨大的坦克师团（当然，这个"巨大"的标准是相对于日本人而言的），到1942年年底，又增派了驻扎在日本本土千叶坦克学校的第3坦克联队加入这支部队，并补充了大量炮兵和步兵部队，于是日本人在纸面上终于拥有了类似于战前苏联机械化军那一级别的坦克部队建制（苏联人和德国人都用了将近10年时间才逐渐有能力运用如此大建制的坦克部队，所以这个看起来很唬人的日本坦克军充其量也就是个纸面上的好看画饼）。

第三章

战争中期的坦克作战

▲ 1942年瓜达尔卡纳尔战役中，美国海军陆战队陆战1师师属坦克营装备的M3轻型坦克。美国海军陆战队陆战1师师属坦克营在组建之初是一个标准的轻型坦克营，装备有M2A4和M3A1两种轻型坦克。这支仓促编成的坦克部队在澳大利亚训练了一段时间后，就被送到了瓜达尔卡纳尔岛，我们看到的这辆坦克的迷彩明显是临时喷涂的，事实上，标准的陆战队坦克涂装应该是土黄色和褐色相间的丛林迷彩。

随着日本人向新几内亚推进，澳大利亚也开始扩充他们的坦克力量。此前为了准备支援英国在北非的作战，澳大利亚和新西兰已经利用少量英制坦克在本土组建了一些装甲部队，但日本人的威胁使这些准备工作都停止了。更糟糕的是，来自英国的坦克供应也变得越来越不稳定了。由于欧洲优先的政策限制，虽然此时美国的战争工业机器正逐渐达到全速状态，

◀ 1942年，驻守在太平洋某小岛上的美国海军陆战队 M3A1"斯图亚特"轻型坦克排。

▲ 1942年11月，美国海军陆战队陆战1师坦克营B连的 M3"斯图亚特"轻型坦克正在进行战前训练。

◀ 在1942年11月的所罗门群岛战役中，一辆被称为"暴风雪"的M2A4轻型坦克正在被吊到驳船上送往瓜达尔卡纳尔岛。瓜达尔卡纳尔岛是美军在二战中唯一一次使用过M2A4轻型坦克的地方。事实上，相对于M3轻型坦克来说，这种坦克更像美军坦克的鼻祖。相对较高的诱导轮、呈钝角的后部车体，使它很容易同M3轻型坦克区别开来。这也从一个侧面反映出太平洋战争初期，美国海军陆战队装甲部队其实是一支使用过时装备的二流部队，陆战1师坦克营装备的就全都是从西海岸美国陆军仓库中接收的二手货，如M2A4、M3和M3A1轻型坦克等等。

澳大利亚和新西兰也无法在短期内获得足够数量的美制坦克。无奈之下，两国甚至开始着手设计他们自己的坦克，如哨兵坦克和鲍勃.森普洱坦克（不过在整个战争中，这两个国家的坦克供应其实还是依赖于英美两国的）。尽管情况严峻，条件更远远称不上理想，但经过各方面的努力，到了1942年中期，澳大利亚装甲部队的实力还是达到了颠峰——此时澳大利亚共拥有4个装备马蒂尔达、M3轻型坦克、M3中型坦克的装甲旅（由于人员不足，到1944年这4个装甲旅只有1个得以保留）。新西兰也组建了一些装甲部队，但只有一个营真正参加了太平洋战争。相对于澳新军团在装甲部队扩充上的举步维艰，太平洋装甲战中的真正主角——美军坦克手们，则开始从最初的打击中回过神来。这其中，美国海军陆战队装甲力量的编成尤为引人注目。美国海军陆战队在1941年开始装备轻型坦克，计划为每个师配备一个坦克营，但这个目标直到1944年才完成。在1943年，一个海军陆战队坦克营名义上配备67辆M3轻型坦克，不过当M4A2中型坦克在陆军投入使用时，海军陆战队才发现这种坦克能够像登陆艇一样使用柴油燃料，于是又从陆军要来了一批M4A2以充实自己的坦克营。

自开战以来遭遇了一连串失利后，美国装甲部队被再次投入战争是在新几内亚和所罗门群岛。1942年8月，装备M2A4和M3轻型坦克的美国海军陆战队1师师属坦克营A连在瓜达尔卡纳尔岛登陆，11月B连也在该岛登陆，这两支部队被用于支援陆战队对日军防御阵地发动的进攻。由于瓜岛上森林密布，严重妨碍了坦克的行动，所以坦克对陆战队员们的支援主要扮演着移动火力点的角色，大多数情况下用于消灭日军碉堡，有时也用机枪和榴弹帮助陆战队员击退日军步兵的反冲击。由于日军严重缺乏反坦克武器，日本步兵只能使用近距离战术拼命接近这些坦克，然后爬上坦克炮塔再想办法用刺刀挑开舱盖直接干掉里面的坦克手，或者用诸如炸药包之类的应急手段对美军坦克发动自杀性攻击，这种不要命的打法也令美军坦克手们吃尽了苦头。美国海军陆战队还是很快地习惯了坦克间的协作，上岛后不久，陆战队的轻型坦克就开始采用类似于空军编队的战术，使坦克尽量成对行动，一辆以机枪火力掩护另一辆，驱逐企图用刺刀撬开舱盖的日军步兵，另一辆则用机枪和火力对疯狂的日本人进行远距离杀伤。这些近距离的坦克拼刺刀是如此地残酷，以致于范德格里夫特将军在回忆起那些溅满了鲜血和碎肉的坦克时，说它们"看起来就像绞肉机"。

◀ 1942年11月，以一辆M2A4轻型坦克为先导，一个来自美国海军陆战队陆战1师坦克营的轻型坦克排在瓜达尔卡纳尔岛上进行战斗巡逻。这些坦克很快就会成为日军步兵的梦魇。

◀ 在棕榈叶伪装下，一辆来自美国海军陆战队陆战1师坦克营的M3轻型坦克正在瓜达尔卡纳尔岛美军阵地前执行警戒任务。瓜达尔卡纳尔岛的雨林地形非常不利于坦克的机动，但M3轻型坦克还是为步兵们提供了尽可能多的有效支援。

◀ 美国海军陆战队陆战1师坦克营的两名坦克手站在他们的M3"斯图亚特"前执行警戒任务。

◀ 在强渡马塔尼卡河的过程中，日军第1独立坦克联队的一辆97式中型坦克被击毁于河中。第1独立坦克联队是日军在瓜岛上的主要装甲力量，在他们强渡马塔尼卡河的过程中，有半数坦克被提前设伏的美军37毫米反坦克炮击毁。

　　不过，战争从来就是你来我往的，在美国坦克无情地碾碎日军士兵的同时，日本坦克手也打算去干点同样的事情。1942年10月，日军增援部队在瓜岛登陆，随即向美国海军陆战队阵地发动了反攻，作为先头部队的第1独立坦克联队的12辆97式中型坦克（由第2坦克联队第4中队经验丰富的老兵们驾驶）企图强渡马塔尼卡河，为后面端着三八式步枪的步兵们杀出一条血路来。然而，此时的情况已经不同于1942年年初，大多数坦克在渡河的中途即被严阵以待的美国海军陆战队37毫米反坦克炮击毁。这次失败为日军装甲部队在瓜岛的行动画上了句号，此后在美国海军陆战队队员的视野里，日军坦克只在瓜岛零星地出现过。日本人的装甲尖刀在瓜岛被磨钝了，在其它地方也没再锋利过。

1942年8月，日本人占领了新不列颠和新爱尔兰岛，并把第8坦克联队驻扎在了腊包尔。到了1942年9月在第8坦克联队7辆95式轻型坦克的支援下，日本军队曾试图在新几内亚东端的米尔恩湾登陆。正因为这场规模有限的战斗，澳大利亚装甲部队在太平洋战场上得到了第一次亮相的机会——日本人有限的几辆95式轻型坦克没能发挥多少作用，不是淤陷于海滩的泥坑中，就是被澳大利亚坦克手点了名。此后，澳大利亚陆军第6装甲团的M3"斯图亚特"轻型坦克在米尔恩湾反击战中参加了支援步兵的行动。在血腥的布纳战役中，澳军坦克手不顾新几内亚丛林对坦克行动造成的种种不便，以拼刺刀的架势，为澳大利亚步兵提供了有力的火力支援。其实，由于M3"斯图亚特"轻型坦克的装甲过于薄弱，将它用于丛林战并不是个好主意。澳大利亚的坦克手们很快就意识到了这一点。事实上，1943年10月休恩半岛的战斗情况表明，英制马蒂尔达步兵坦克是比M3"斯图亚特"轻型坦克更有效的丛林杀器。这种坦克几乎不会被日军主要装备的37毫米反坦克炮击穿。一辆马蒂尔达甚至被37毫米炮击中了将近50次，却仍然无损于它的战斗力，这使马蒂尔达成为了更受澳大利亚坦克手欢迎的一种坦克。于是，在1943年到1944年的大部分时间里，在欧洲战场已经被淘汰的马蒂尔达坦克成为了澳大利亚坦克部队的主流装备；机动性好但装甲薄弱的M3"斯图亚特"轻型坦克开始退居二线。1943年7月，美

◀ 一辆澳大利亚军队的M3"斯图亚特"轻型坦克在新几内亚东端的米尔恩湾战斗中，撞倒一颗椰子树后抛锚。

▲ 1942年11月巴布亚新几内亚战场，一辆澳大利亚军队的M3"斯图亚特"轻型坦克正在做进攻前的准备。

▶ 1943年5月巴布亚新几内亚战场上的一辆澳军M3轻型坦克。相对于美军，澳大利亚人有一些特别的法子用来提高坦克的丛林通行性，比如尽量去除炮塔上多余的外挂件。

▼ 向蒙达机场的日军发起进攻的美国海军陆战队第9守备营M3A1轻型坦克排。

▲ 在1943年秋的新几内亚战场上，一辆M3A1轻型坦克正为前进中的美国海军陆战队队员提供火力支援。这时的M3系列轻型坦克已被普遍认为是一种过时的装备——它的37毫米坦克炮无法有效地攻击日军碉堡。很多驾驶M3轻型坦克的美国坦克手有时干脆将自己的坦克当成推土机，直接将日军碉堡用泥土封起来。但随着日军47毫米反坦克炮的出现，这种方法也无法奏效了。

◀ 1943年11月，布干维尔岛上的战斗，一辆隶属于美陆战3师坦克营的M3A1轻型坦克正被从运输船上吊出。

◀ 布干维尔岛上的美国海军陆战队最高指挥官艾伦·特内奇少校，正坐在海军陆战队3师坦克营的一辆名叫"还债"的M3A1坦克车体上休息。布干维尔岛海滩的地面很泥泞，以至于坦克的炮管都要加上帆布保护套。

◀ 事实上，艾伦·特内奇少校乘坐的那辆"还债"从未直接参加过战斗，只是作为战地摄影师的道具在海滩上摆了很多POSE。

▶ 布干维尔岛上一辆绰号为"傻瓜的痛苦"的M3A1轻型坦克及其车组。

▼ 1944年3月16日，布干维尔岛战场上的一辆绰号为"大力水手III号"的M3A1轻型坦克。

◀ 来自美国陆军第754坦克营的M4"谢尔曼"中型坦克正准备穿过布干维尔岛上的一片沙滩。当时这些坦克的车身上还喷涂着巨大的白星标志，很快美军坦克手就会发现，这个标志很容易成为敌军反坦克武器的绝佳标靶。

▲ 一辆美国海军陆战队的M3型75毫米自行反坦克炮，在1943年12月被送到了格洛斯特海角。每个美国海军陆战队团在建制内都拥有12门这样的自行反坦克炮。这种武器的主要用途是反坦克，但当美军发现日本坦克是如此地不堪一击后，M3型75毫米自行反坦克炮就更多地被用于火力支援了。

国陆军和海军陆战队开始了新乔治亚岛上的作战行动。在由美国海军陆战队第9、第10、第11守备营抽调出来的3个M3A1轻型坦克排的支援下，美军占领了主要的蒙达机场，到了1943年12月，战火又开始蔓延到了布干维尔岛。从托罗基纳角登陆后，美国海军陆战

队陆战3师坦克营的M3A1轻型坦克为进攻机场的部队提供了支援，但随后的滂沱大雨使大部分坦克都陷在了烂泥里，进攻行动被迫中止，直到1944年年初，才由美国陆军第754坦克营的M4"谢尔曼"接替攻占了机场。但岛上的战斗并没有就此停止，极端恶劣的环

境只是阻止了美军坦克的推进，直到1945年7月，澳大利亚第4装甲团将马蒂尔达坦克派遣到了布干维尔岛，布干维尔岛上的最后一股建制日军才被消灭，这场战斗是西南太平洋战场上历时最长的战役之一。

不过，泥泞不总令人一筹莫展，像布干维尔岛这样的西南太平洋雨林环境也造就了很多经典的战斗模式。比如美军（盟军）坦克在所罗门群岛就遇到了与新乔治亚岛相似的问题——该死的大雨和烂泥，美军坦克手们更多的是在与一个又一个泥坑而不是日本人作战。由于地形原因，在这里使用坦克变得极端地困难——这里几乎所有的地区都被密林所覆盖，密林间的开阔地区则过于湿软，不能承受

坦克的重量，在格洛斯特海角附近尤为如此。更糟糕的是，这里正是美国海军陆战队第1坦克营在1943年12月选定的登陆地点。在几次尝试都宣告失败后，美军坦克手们发现，要将坦克开到能打得到日军据点的地方根本是件不可能完成的事，最后只能想出了这么一个"高招"——把M4A2中型坦克装在LCM登陆艇上，驶进海岸充作小型炮艇来摧毁日军的碉堡（或许日后朝鲜和罗马尼亚的"坦克艇"就是受此启发）。事实上，"坦克艇"的出现代表了一种新的需求和发展的可能性——在太平洋中心群岛特殊的雨林环境中，坦克还是能够在大范围内发挥作用的（喷火坦克开始得到广泛使用或许是另外一个例子）。

▲ 1942年12月，新型的M5A1轻型坦克与美国海军陆战队陆战1师坦克营一起，经受住了格洛斯特海角战斗的洗礼。从1942年底开始，美国海军陆战队装甲部队开始大规模更新装备，主要是将原先清一色的轻型坦克结构替换为少量M4"谢尔曼"与M5A1轻型坦克搭配的混合结构。

◀ 1943年8月，阿留申群岛吉斯卡岛，图中为日军95式轻型坦克残骸。由于二战中极少有日军坦克在美国领土上作战，所以这是一张罕见的图片。95式轻型坦克参加了隶属于阿拉斯加州的吉斯卡岛上的作战，不过在它们登陆吉斯卡岛和阿图岛时（1942年6月），那里并没发生战斗，而1943年8月美军登陆收复这些岛屿时，这些坦克同样没能发挥任何作用。

▲ 图片显示的是太平洋战场上坦克运用的一般形式：一辆坦克引导着一队步兵穿过黑暗且泥泞的雨林。这种步坦协同模式虽然老套，但在南太平洋战场上却是最实用的。在1944年3月16日的所罗门群岛战役中，这辆名叫"幸运的泥腿子2号"的美国陆军第754坦克营的"谢尔曼"正在引导步兵进攻。

　　不过，俗话说"魔高一尺道高一丈"。面对美军大量且手段多样地运用装甲部队的情况，日本人虽然没有那么多的坦克去针锋相对，但在步兵如何打坦克的问题上却也进步不小。虽然日军步兵仍会以自杀式的近战肉搏来炸毁美军坦克，但却在具体战术和爆破的手段上花样翻新——比如，学会了先投掷烟雾弹掩护反坦克"肉弹"们的位置，然后没有被机枪扫倒的"肉弹"们携带撬式地雷、磁性地雷和炸药包一拥而上……（不论新颖与否，这种攻击对士兵生命的消耗仍然非常严重）。1943年11月20日，最血腥的一场反坦克战斗发生在吉尔伯特群岛的塔拉瓦岛珊瑚环礁。1943年2月，瓜达尔卡纳尔岛战役后，在战略反攻的方向上，美军可以有许多选择。新不列颠岛上的腊包尔，是一个极大的诱惑。作为日军在南太平洋上的最大兵站，它像磁石一样吸引着美军。麦克阿瑟上将不断扬言要拿下腊包尔，哈尔西中将挥师北进，直指新不列颠岛。但是，他们当时的装备和兵力，都不能一举拿下这个日军重镇。腊包尔，竟成了一块难啃的骨头，使美军欲吞不能、欲舍不忍。1943年年初，美国海军作战部长欧内斯特·金上将急于打破僵局。

他重新策划了一条反攻轴线，拟用较少的兵力沿密克罗尼西亚直指日本。1943年2月在旧金山，金上将把自己的中太平洋战略告知了尼米兹，让他研究攻占马绍尔群岛的可行性。1943年6月，美参谋长联席会议正式下达了占领马绍尔群岛的指令。但是，太平洋舰队司令部的参谋人员一致坚持：如欲攻击马绍尔群岛，必须先行攻占其东南方向的吉尔伯特群岛，以获得空中侦察和轰炸的便利。尼米兹说服了出席参谋长联席会议的将领。于是到了1943年7月，参联会议决定：首先攻占吉尔伯特群岛。

◀ 对美国坦克手来说，塔拉瓦岛是太平洋上一系列残酷"装甲肉搏战"的开端。陆战2师装甲营A连是第一天上岸的，但大多数M4A2"谢尔曼"在真正向目标开火之前就失去了战斗力。

◀ 塔拉瓦岛上，日本佐世保特种海军陆战队的一辆95式轻型坦克残骸。在塔拉瓦岛战役期间，佐世保特种海军陆战队共装备有7辆95式轻型坦克。大多数情况下，这些战斗力有限的轻型坦克都埋伏在提前构筑的掩体中。

塔拉瓦岛上，佐世保特种海军陆战队的另一辆95式轻型坦克。这辆坦克在经历了1943年11月的血腥战斗后，被美国海军陆战队队员们俘获，正在接受检查。事实上，随着M4"谢尔曼"被大量应用于太平洋岛屿的争夺战，95式轻型坦克彻底成为了过时的武器。

　　吉尔伯特群岛位于东经173度～175度之间，横跨赤道，由16个珊瑚岛组成。塔拉瓦和马金是群岛中最大的两个珊瑚环礁。塔拉瓦呈三角形，出水岛礁约20个。其中，贝蒂欧是日军坚固的设防岛，正是美军此次攻击的重点目标。贝蒂欧岛，形状像一只栖鸟，长3.5公里，最宽处500米。岛的中部有一座飞机场，设跑道3条，其主跑道长一千两百余米，是整个吉尔伯特群岛中唯一的轰炸机跑道。岛四周是宽为150米至400米的珊瑚礁岛。一条500米长的椰木栈桥伸入礁湖，供舰船卸货，仿佛是贝蒂欧的鸟腿。日军主力部队当时集中驻守在塔拉瓦，包括精锐的横须贺和佐世保特种海军陆战队及7辆由关东军调拨的95式轻型坦克。美军用于实施两栖进攻的装甲力量则为海军陆战队2师装甲营的3个连——A连装备有M4A2中型坦克，B连和C连则装备着M3"斯图亚特"轻型坦克。虽然纸面上美日双方的装甲技术兵器对比为8比1，但美国坦克手们很快就发现情况远不如想象中那样乐观。从第一辆坦克被送上陆地起就遭遇了不

顺。当A连的6辆M4A2中型坦克在1号红色海滩登陆，并开进到距离海岸线1200码的地方准备发起冲击时，驾驶员们看见了他们面前的那条由死去和受伤的海军陆战队队员们铺成的地毯。为了避免压到他们，坦克只能选择从登陆点的侧翼前进，结果却成为了日军"肉弹"和火炮的猎物。一辆无线电呼号为"芝加哥"的M4A2首先被毁于日军的自杀攻击，另一辆无线电呼号为"中国少女"的M4A2炮塔很快也被一辆埋伏在掩体中的日军95式轻型坦克击穿。不过，失去了炮塔的"中国少女"后面的行动令人瞠目结舌——它非但没有选择退出战场，反而一头撞向了那辆暗算它的95式

塔拉瓦恶战之后，立下赫赫战功的两辆M4A2——"中国少女"与"科罗拉多"的合影。

◀ 1943年11月20日，一辆美国陆军第193坦克营的M3中型坦克携带着"浮木"，穿过基里巴斯稀疏的植被前往预定位置。在美国海军陆战队攻击塔拉瓦岛的同时，美国陆军派出了第193坦克营登陆了邻近的吉尔伯特群岛的马丁珊瑚岛。这个珊瑚岛的防卫并没有塔拉瓦岛严密，但美军还是派出193坦克营加强进攻，这是美国陆军唯一一次在太平洋战场上使用过时的M3中型坦克。

◀ 尽管在A连上岸的第2天，陆战2师装甲营B连和C连的M3A1才被送上塔拉瓦，但这些坦克手的疲惫还是清晰地写在脸上。

▼ 陆战2师装甲营B连和C连的M3A1在塔拉瓦岛的一处临时物资堆放点补充弹药和油料。

◀ 1943年11月24日，在马丁珊瑚岛以东基里巴斯的战斗中，美国陆军第193坦克营的两辆M3中型坦克正在实施战场机动。日军在这个岛上只部署了少量的95式轻型坦克。

◀ 除了怪异的M3中型坦克外，在马丁珊瑚岛战斗的美国陆军第193坦克营也拥有部分M3A1轻型坦克。这是1943年11月20日，M3A1轻型坦克登陆基里巴斯后很快就开始清除红色海滩附近的日军狙击手。注意这辆坦克的发动机后盖上仍然放着"浮木"。

小坦克，直接把这个卑鄙的敌人撞翻了事。

此后又有9辆来自第2、第3排的M4A2中型坦克在3号红色海滩登陆，但很快其中的1辆就掉进了弹坑再没能出来，1辆被日军工兵安放的磁性地雷炸毁，1辆被美军海军的俯冲轰炸机误炸，剩下的6辆M4A2虽然推进了1000米左右，但由于脱离了步兵，被早已等候多时的日本"肉弹"们偷袭成功，结果除了一辆无线电呼号为"科罗拉多"的M4A2外，其余的坦克都在自杀性攻击中被炸瘫了。此后，这辆幸存的"科罗拉多"挂上倒挡返回了滩头，在将

那辆掉到弹坑里的M4A2拖出后，两辆M4A2引导大约200名陆战队员发动了一次真正成功的进攻，在登陆的第一天结束前将战线稳定在了距海滩1200米左右的地方。另一方面，A连的M4A2在首波攻击中基本上都折损了（实战又一次证明，对抗日本肉弹自杀战术的方法是美国坦克和步兵间的紧密合作）。B连和C连的M3A1轻型坦克上陆是第二天的事了，除了一辆M3A1轻型坦克在第一次登陆时被一枚磁性地雷摧毁外，其余12辆M3A1轻型坦克均在第二次进攻中获得了成功。美国人很快便

在1943年11月20日的战斗中，193坦克营的M3A1轻型坦克不只一辆被困在基里巴斯红色海滩上的日军反坦克壕沟里。一名美军坦克手正努力地将一条缆绳的一头固定在坦克上，以便将车辆拖出壕沟。

发现M3A1上配备的37毫米炮在对抗日本人的加强堡垒工事时，显得软弱无力。要对付这样的目标，除了准确地命中射击口外，几乎别无他法。相比之下，拥有75毫米或76毫米炮的M4"谢尔曼"要有效得多，但可惜的是，为这次战役准备的"谢尔曼"数量有限，而且它们在第一天的战斗中就基本被消灭了。在塔拉瓦环状珊瑚岛上经历了整整3天的残酷消耗战后，美国海军陆战队开始更换装备，软弱的

M3A1轻型坦克被淘汰，一些原本主要用来供应苏联红军的柴油版M4A2"谢尔曼"在海军陆战队的强烈要求下被大量征用，成为了美国海军陆战队在战争中后期的主力坦克。在美国海军陆战队攻击塔拉瓦岛的同时，美国陆军登陆了邻近的吉尔伯特群岛的马丁珊瑚岛。在这次战斗中，美军派出了第193坦克营登陆——事实上，这是唯一一支在太平洋战场上使用过时的M3中型坦克的部队，令人失望

▲ 1944年，夸贾林环礁争夺战中美国海军陆战队陆战4师师属坦克营装备的M5A1轻型坦克，图中这辆坦克被称为"猎手"。值得注意的是，虽然有一些海军陆战队坦克手沿袭了陆军的习惯，会把随意而起的坦克绰号喷涂在军团标志后边，但陆战4师师属坦克营却更习惯于使用字母表中顺序靠后的字母（如H、I、J、K），来为自己的坦克命名。事实上，美国海军陆战队队员们有自己的一套关于车辆标识的专门详细条令，图中这辆坦克车体侧面的那个半圆形标志就是严格遵循标识条例的产物。

拉瓦更血腥的杀戮战场，日本守军更加分散也没有修建完善的工事。在1944年2月1日，美陆战4师开始登陆与其邻近的国王–那慕尔群岛，并且试探性地攻击了环礁附近的岛屿。总共10辆M4A2中型坦克和3辆M5A1轻型坦克参加了这次小规模战斗，这种杀鸡用牛刀的做法使得战斗只用了两个小时就宣告胜利。这次代价不高的胜利极大地激励了陆战队员的士气，当海军陆战队攻击国王–那慕尔群岛时，美国陆军第7军正在第767两栖坦克营的支援下攻击夸贾林环礁。在这片30个小岛组成的环状珊瑚岛上，美军占领了其中的10个，而在对夸贾林环礁主岛的攻击中，14辆M4A2

又吃惊的是，尽管岛上的日本守军拥有2辆95式轻型坦克，但M3中型坦克与日本小坦克间的战斗却市政没有发生。

塔拉瓦岛珊瑚环礁的战斗结束后，美军的兵锋开始指向下一个目标——夸贾林环礁，它是世界上最大的环状珊瑚岛，战前以长度超过60公里、宽度超过20公里的巨大温泉而小有名气。为了将夸贾林环礁塑造成一个比塔

▲ 在夸贾林环礁国王–那慕尔群岛的登陆行动中负责提供火力支援的美国海军陆战队陆战4师坦克营A连的一辆M5A1轻型坦克，这辆M5A1的绰号为"莽汉"。

▲ 1944年2月2日美陆军第767坦克营的M4A1"谢尔曼"正在夸贾林环礁登陆。当美国海军陆战队攻击国王–那慕尔岛日军时，美国陆军部队则登陆了夸贾林环礁，这些来自第767坦克营的M4A1中型坦克登陆时在发动机位置装有特制的"水喉"（即涉水器，但美军一般称之为"浮木"），以保证涉水登陆时海水不会进入发动机。

◀ 1944年2月3日夸贾林环礁，第767坦克营的两辆M3A1轻型坦克正在引导一队步兵搜索日军。日军当时已经大势已去，但仍会不时发起小规模的反击。有些凶残的反击往往是从倒下的椰子树的一堆烂叶子中发起的。

◀ 1944年2月3日，在夸贾林环礁的卡尔逊岛上一辆来自767坦克营的M3A1轻型坦克正在为步兵们提供火力支援。

▼ 1944年2月3日夸贾林环礁，在击毁了几个日军碉堡后，767坦克营的3辆M4A1正向前推进。领头的坦克叫"幸运的老虎"，"黛娜小姐"紧随其后。

中型坦克在10辆M5A1轻型坦克的配合下，快速引导步兵击溃了岛上的日本守军，岛上日军仅有的两辆95式轻型坦克和一辆特2式内火艇（水陆坦克）甚至于没能开出掩体就成了美军的战利品。

夸贾林环礁之后美军的下一目标是埃尼威托克岛——一个类似于夸贾林环礁的环状珊瑚岛。1944年2月18日，海军陆战队22团在陆战2师坦克营的支援下从较偏僻的西北角海滩开始登陆，日军在岛上的11辆95式轻型坦克有4辆被击毁于掩体中，其余的日本坦克开始逃命，但很快被追上来的M4A2一一点名，于是埃尼威托克岛的主要

战斗结束了。到了1944年2月22日，美国海军陆战队22团又开始攻击附近的帕里岛，这次日军主动派出了3辆95式轻型坦克与负责支援的M4A2中型坦克展开了短暂的战斗，但由于坦克性能上的巨大差异，战斗的结果只能一边倒。事实上，由于1941年和1942年在菲律宾和马来亚过于轻易地获得了胜利，在那之后的两年里日军忽视了反坦克武器的重要性，当时间进入1944年之后，日本人已经开始意识到这是一种严重的失误——他们自己的坦克已经无法与美军的M4坦克正面对抗了，标准的37毫米坦克炮或是反坦克炮都无法穿过美军坦克的外壳。然而，此时对日本人来讲海

◀ 日美双方坦克质量上的差距之明显，可从美国海军陆战队的M4A2中型坦克与日军94式超轻型坦克的直观对比上轻易得出结论。虽说这种比较本身并不不公平，因为94式坦克实际上只是一种设计陈旧的老式侦察车，实质上更接近于英军的布伦机枪车。但作为这一时期最普遍的日军装备，97式中型坦克和95式轻型坦克同样无法与美军的M4中型坦克相抗衡。

◀ 1944年2月马绍尔群岛的埃尼威托克岛战场上，美国海军陆战队陆战2师的一辆M4A2，正在赶往支援海军陆战队员的路上。

1944年2月，来自美国海军陆战队2师坦克营的一辆M4A2中型坦克登陆马绍尔群岛的佩里岛后正在等待命令。战争进行到这一阶段，坦克上的"浮木"往往开始就地取材了，以至于他们的形状完全不同于标准的制式型号。

上和空中的战争形势同样不容乐观，结果有限的工业资源仍然无法向反坦克武器的研制生产上加以倾斜，结果除了步兵得到了少量的新型47毫米反坦克炮外，整个太平洋战场上的日军反坦克能力实际上大大地衰退了。

同时应该清醒地看到，无论是塔拉瓦、夸贾林环礁还是埃尼威托克岛，为攻克这些太平洋中部的一系列岛屿所实施的两栖作战虽然激烈而血腥，但总得来说规模都较为有限。事实上，这些岛屿大多是相距遥远的一些面积较小的珊瑚礁，即便日军在这些岛屿上的防御比较坚固，也会由于面积小而力量单薄，彼此距离远而难以得到增援与补充，容易为美军各个击破，战役成功的关键其实是掌握制空权与制海权，海军水面舰艇和舰载航空才是绝对的主力（随着美国军事工业全面转入战时生产，大批航空母舰和登陆舰艇的建成服役，使中太平洋的海军部队拥有了一支以航母为核心的具有极高机动力和极强突击力的舰队，能够确实保证掌握制空权和制海权），地面战斗只需要小规模陆军或是海军陆战队部队就足

以应对，这种情况也限制了双方装甲力量的投入规模，给人们的感觉也是零乱而散碎的。更重要的是，这一连串的夺岛作战对整个太平洋战局看起来影响不大，这引起了一向主张沿西南太平洋方向（即菲律宾一线）进攻的道格拉斯·麦克阿瑟将军的严重不满。为此，美国参谋长联席会议进行了极其慎重和细致的研究，最后决定采取以中太平洋为主，西南太平洋为辅的双管齐下战略，这样既可避免单线进攻易遭日军集中全力的抗击和暴露侧后的危险，又能迷惑日军，使其难以判断美军的主攻方向，分散日军兵力和注意力，为战略进攻的顺利实施创造有利条件。根据参谋长联席会议的决定，在埃尼威托克岛之后，中路的进攻矛头将直指马里亚纳群岛。事实上，在整个太平洋战争中期（1942年9月到1944年11月）的岛屿争夺战中，真正值得重书一笔的应该是马里亚纳群岛战役。马里亚纳群岛是日军内防御圈节点上的第一个大型群岛。它是一个南北走向，绵延425海里的火山群岛，由大小近百个岛屿组成，较大的火山岛有16个，自北向南主要有第

二大岛塞班岛、第三大岛提尼安岛、罗塔岛和最大岛屿关岛。著名的葡萄牙航海家麦哲伦于1521年发现该群岛，以当地土著人使用的船只命名为"三角帆之岛"，1565年起成为西班牙的属地，为纪念西班牙国王菲利普四世的马里亚纳王后，才称为"马里亚纳群岛"。1898年美西战争中，美国占领了其中的关岛，而此时的西班牙国力已经衰弱，便决定以400万美元的价格出售马里亚纳群岛的其余岛屿、加罗林群岛和马绍尔群岛，美国认为这些岛屿值不了400万美元，没有买，结果被德国买去。第一次世界大战中，日本以"委任统治地"的名义将这些岛屿尽数据为己有，并于太平洋战争爆发后的第三天，即1941年12月10日占领关岛，从而拥有了整个马里亚纳群岛的控制权。对太平洋战争中的双方来讲，马里亚纳群岛的战略地位都是极其重要的。该群岛位于琉球、台湾和菲律宾以东，硫黄列岛以南，加罗林群岛以北，正扼中太平洋航道的咽喉，亚洲与美洲的海上交通要冲，是美军进攻日本本土和远东的必经之路。其中的关岛和塞班岛都距离日本本土很近，因而作为空军基地以对抗美军轰炸机对日本本土的直接轰炸具有异常重要的特别意义。如果马里亚纳群岛被美军占领，日本本土与东南亚的海上生命线就将被切断，台湾和菲律宾也将处在美军的直接打击范围下，更严重的是从马里亚纳起飞的美军B-29轰炸机可以将日本本土纳入其轰炸半径。正因为马里亚纳群岛如此至关重要，就被日军称为"太平洋的防波堤"，而美军所实施的马里亚纳登陆战役也就被称作"破堤之战"！

早在1943年11月，英美参谋长联合委员会就向美军太平洋舰队和中太平洋战区下达进攻马里亚纳的指令，为B-29轰炸机取得出发基地，并为进攻日本本土扫清障碍。根据这一指令，中太平洋战区司令尼米兹于1944年1月13日制定出最初的进攻方案，计划分三阶段，先攻占塞班岛和提尼安岛，再夺取关岛，最后肃清其余岛屿上的日军。1944年3月12日，美国参谋长联席会议下达了马里亚纳作战命令。日军大本营非常清楚马里亚纳的重要性，决定沿千岛群岛、小笠原群岛、马里亚纳群岛、加罗林群岛和新几内亚群岛西部建立必须绝对予以确保的防线——"绝对国防圈"，马里亚纳则是该防线的核心。因此，日军自1944年2月起，开始着手加强该地区的防御，由于以前马里亚纳群岛由海军负责防御，岛上的陆军部队很有限，大本营计划将中国战场上的第3和第13师团调往中太平洋，以加强该地区的地面部队，但这两个师团在中国战场上一时无法脱身，大本营只好于2月10日将驻中国东北的关东军第29师团调到马里亚纳，陆军部还将新组建的8个支队也调到该地区。2月25日，日军大本营将中太平洋地区所有陆军部队整编为第31军，由小畑英良中将任军长，规定该军服从于联合舰队司令的调遣。从3月起，日军进一步动员大批船只向该地区调集部队，至5月下旬，31军已拥有5个师团又8个旅团，分别防守马里亚纳、特鲁克、小笠原和帛琉等岛屿。其中部署在马里亚纳群岛的是2个师团又2个旅团，约六万余人。防御工事计划要到11月方能完成，此时才完成工程量的一半，火炮掩体几乎没有，地雷和铁丝网也没铺设，总体防御根本谈不上坚固。

不过，美军对于马里亚纳群岛的情况除关岛外，知之甚少，而对日军的设防情况，更是一无所知。太平洋战争爆发后，美军飞机从未到过该群岛，直到1944年2月攻占埃尼威托克时，才出动航母编队袭击马里亚纳诸岛，攻击机群中美军特意派出了数架装备最先进照相侦察器材的飞机，对马里亚纳群岛进行了系统的照相侦察，这才掌握了日军在这些岛屿的防御部署和机场情况，还将适合登陆的海滩完整地拍摄下来，为登陆作战提供了翔实而可靠的依据。由于马里亚纳群岛的几大岛面积都比较大，日军防御兵力都有数万之众，美军无法再像之前的塔拉瓦、夸贾林环礁或是埃尼威托克岛那样同时组织部队在几个岛上实施登陆，只得先夺取塞班岛，再攻提尼安岛和关岛，但问题在于美军攻打塞班岛时，提尼安岛和关岛的日军极可能乘机加强防御，所以迅速攻占塞班岛是整个战役的关键。为此，美军准备以海军陆战队第2师和第4师为基本登陆兵力，从夏威夷和美国西海岸出

发，负责夺取塞班岛和提尼安岛。

塞班岛是马里亚纳群岛的第二大岛，长约21公里，宽4公里至8公里不等，面积约184平方公里，地势中央高四周低，岛上多山峰、丘陵、沟壑、岩洞，制高点是岛中央海拔450米的塔波乔峰，岛西海岸有一条覆盖整个海滩的珊瑚礁，加拉潘角将其一分为二，北面形成天然良港——塔那潘港，该港也是塞班岛以及马里亚纳群岛的经济、文化中心，南面为平坦的马基奇思海滩，是理想的登陆滩头。日军在塞班岛上建有3个机场，南面的阿斯利洛机场始建于30年代，经过扩建，现可起降任何机型的飞机，是岛上的主要机场；附近的恰兰卡诺阿机场是简易机场，只能起降小型飞机；北面的马皮机场，跑道较短，作为战斗机紧急着陆的备降机场。塞班岛不仅是日军在马里亚纳群岛的中心岛屿，还是中太平洋地区的防御核心，其陆军第31军军部和海军中太平洋舰队司令部都设在该岛，自1944年春起，日军就开始向塞班岛增派部队，加强防御力量，但美军封锁严密，途中遭到了很大损失，截至美军登陆前夕，日军在塞班岛上的兵力是陆军步兵第43师团、步兵独立混成第47旅团、工兵独立第7联队、坦克第9联队、山炮独立第3联队和高炮第25联队等部，共2.8万人，火炮211门、坦克39辆，海军有第5水警区的第55警备队和横须贺第1海军陆战队等部，共1.5万人，火炮49门、坦克10辆，合计总兵力4.3万，火炮260门，坦克49辆。海军太平洋舰队司令南云忠一基本不过

▲一辆来自美国陆军第762坦克营D连的M4A1中型坦克正在吊装到登陆艇上。美国陆军第762坦克营是塞班岛上日军第9坦克联队的主要对手，同时它也是这次战役中击毁坦克数最多的一支部队。

▲ 1944年，塞班岛日军第9坦克联队装备的97式中型坦克。1942年，日本军方下令更改坦克的伪装色，一种特别的柳绿替代了原先的土黄色底色。不过这种条令并没有得到严格的遵守，我们在同时期的一些老式日本坦克以及一些教练车上常常能看到这种不伦不类的非标准涂装。第9坦克联队建制内的5个中队中，每个中队总会有一个排被允许在炮塔上喷涂一个"Kikusui"标识（即流水菊花纹），事实上，这是14世纪日本人心目中的大英雄楠木正成亲自设计的一种家族纹章，在二战时的日本军队中通常作为一种激励士气的荣誉标志用于航空兵或是坦克部队。而第9坦克联队本身其实也有自己的联队标志，我们在图中这辆97式坦克的炮塔两侧就能够清晰的看到这样一种用几个复杂的小几何图案构成的独特标记。

问地面作战指挥，而登陆作战打响时陆军第31军军长小畑英良去了关岛又不在岛上，所以防务实际上由第43师团长斋藤义次中将负责。

作为与本书密切相关的那部分内容，岛上的日军坦克自然是关注的重点。事实上，第43师团长斋藤义次中将对手中不多的坦克部队相当重视，在其心目中坦克第9联队被视作是整个防御体系中可执行机动"救火"任务的一张王牌。所以，在开战前的1944年1月，斋藤义次反复要求大本营对坦克第9联队的技术兵器和兵力进行加强，在其不厌其烦的"唠叨"下，向来吝啬的东京最后从本土的近卫师团坦克联队中抽调出了20辆珍贵的97改，并赶在开战前送到了坦克第9联队的手中（在途中因运输船沉没，损失了2辆，实际到达的只有18辆）。然而，尽管坦克第9联队获得了这些97改的加强后整个塞班岛守军士气大振，但

这种相对较新的日本坦克却仍然无法与美军主力M4"谢尔曼"正面对抗（97改坦克无法击穿M4中型坦克的正面装甲，只能击穿侧面装甲，实际性能略优于M5A1轻型坦克）。这也就意味着，即便抛开与即将到来的美军坦克在数量上的劣势不提，单是性能上的差距就代表了一场艰苦的战斗。另外，开战前塞班岛上坦克第9联队兵力可能有误，因为有些资料显示，当时的坦克第9联队可能被拆成了两部分，其中第1、第2中队被配属于关岛，而塞班岛上的只是第3、第5、第6中队，外加日本海军陆战队的第22独立坦克中队的8辆95式轻型坦克及2辆特2式内火艇。值得一提的是，整个马里亚纳群岛的日军拥有大约60门最新型的1型47毫米反坦克炮，单纯的按照防御作战中的要求来看，这其实是一种比97改坦克更有效的反坦克武器。

◀ 塞班岛上的日军坦克在美军登陆时，曾冲上海滩与美军坦克发生过数次交战。1944年6月16日清晨，一支日本特别海军陆战队的95式轻型坦克分队攻击了美军的滩头阵地，但随即遭到了美军坦克强有力的反击。这辆95式轻型坦克被M4A1"谢尔曼"的一枚75毫米高爆弹直接命中，铆接式装甲板整个被炸裂掀开。

◀ 这是另一辆日军9坦克联队的95式轻型坦克于1944年6月16日在塞班岛滩头被击毁。从图片上来看这辆95式轻型坦克似乎是被美军坦克炮弹从车体正面直接贯穿。事实上，薄弱的装甲和玩具式的火炮使得95式轻型坦克在面对美军M4"谢尔曼"中型坦克时根本没有还手的余地。

　　美军进攻塞班岛的部队是由霍兰·史密斯中将任军长的海军陆战队第5军，所辖基本部队为陆战2师和陆战4师，共7.1万人。担负运输和直接支援的舰船有7艘战列舰、7艘护航航母、11艘巡洋舰、41艘驱逐舰，还有三十余艘扫雷和反潜舰艇、一百一十余艘登陆舰艇、三十余艘运输舰，共两百四十余艘舰船。1944年6月15日，兵力雄厚的美军开始在塞班岛登陆。与塔拉瓦战役时显著不同的是，根据之前

的作战经验，此时的每个美国海军陆战队坦克营都由46辆M4A2中型坦克替换掉了原有的54辆轻型坦克，此外每个坦克营还得到了14到24辆不等的M3A1"撒旦"喷火坦克与M4A2相配合，用以攻击这一地区那些单纯用坦克炮并不好对付的堡垒。这些经过精心重组后的海军陆战队坦克营很快显出了非凡的战斗效能，6月15日下午刚刚登上塞班岛后，一个个由5—6辆M4A2、2—3辆M3A1喷火坦克及陆战队步兵组

▲ 已经登上塞班岛的美国陆军第762坦克营的一辆M5A1轻型坦克。M5A1轻型坦克虽然在欧洲战场已经过时了，但在太平洋上却仍要比任何日军轻型坦克性能优越。

▲ 1944年6月15日到16日的夜间，塞班岛日军特种海军陆战队曾经利用特2式内火艇对滩头美军阵地发动反冲击，但由于投入兵力过小又缺乏炮火协调，这次轻率的反攻以失败而告终。特2式内火艇实际上就是在95式轻型坦克基础上改装而来的两栖坦克，前后都安装有可拆卸船形浮箱，照片中这辆在战斗中被摧毁的特2式内火艇后部浮箱已经被拆掉了。

▲ 塞班岛战场上，一辆被日军反坦克地雷彻底炸翻摧毁的美军M5A1轻型坦克。与羸弱的日本坦克相比，地雷才是美军坦克手在太平洋诸岛上的最大威胁。

成的突击群就攻破了许多曾被认为非常令人头疼的日军永备工事。当天晚上，一支日本海军陆战队突击队在2辆特2式内火艇的支援下向位于美军侧翼的加拉班南部海滩登陆地实施了反冲击。然而，美国海军陆战队队员们很快就通过无线电通告海军敌军目标的方位，结果在机械化登陆艇火箭炮的覆盖下，这次反冲击刚刚开始就已经结束了。

到了1944年6月16日，美国陆军第27步兵团在第762坦克营的B连（M4A2）和D连（M5A1），以及766坦克营的D连（M5A1）的支援下登陆战场，塞班岛日军的压力进一步加大了。美军的稳步推进导致南云忠一中将命令斋藤义次在16日到17日夜间必须发动一次全面的反击，而担任这次反攻矛头的即是以第9坦克联队主力为核心的突击队（共有44辆97、97改及95式坦克，也就是说除了在先前的战斗中被击毁的几辆外，岛上每一辆能开动的日军坦克都参加了这次进攻）。于是太平洋地区开战以来日军最大的一次坦克攻击开始了。1944年6月17日凌晨2点，日军坦克群快速穿过开阔地出现在了美国海军陆战队队员的视野里，海军陆战队队员们一边用火箭筒和37毫米反坦克炮还击（击毁了几辆坦克。在混乱中几辆日军坦克陷入了沼泽中随后被击毁），一边请求自己的坦克支援，随后来自陆战4师第2坦克营C连的一个M4A2坦克排以及一些M3式75毫米牵引反坦克炮陆续来到了战场，同时海军舰炮和航空兵也通过无线电定位开始对日军坦克群实施覆盖性打击。最终，这次声势浩大的坦克攻势在美军全方位的打击下消散了，只有几辆日军坦克到达了开火范围但很快就被击毁了。随着日军的攻势被大量的重火力击溃，美军的坦克和自牵引迫击炮也开始攻击战场上剩余的日军坦克，只有12辆日军坦克逃过了这次屠杀——其中一半是95式轻型坦克，一半是97式或97改中型坦克。但这些侥幸逃脱的日军坦克也只是多苟延残喘了几天罢了，在6月24日的一次遭遇战中，残余的大部分日本坦克被美国陆战2师坦克营C连的M4A2击毁……1944年7月9日塞

▲ 1944年，塞班岛日本陆军第9坦克联队装备的97改中型坦克。有意思的一个细节是，第9坦克联队的日本坦克手们往往喜欢在坦克上车身上喷涂一个日本省份的名字，比如这辆喷涂的就是阿苏山。

▲ 塞班岛战场，在反冲击中被击毁的日军第9坦克联队97式中型坦克。这辆97式与旁边的95式残骸明显还保持着整齐的进攻队形。事实上，日军第9坦克联队在塞班岛上可能发起了整个太平洋战争中日军最大规模的一次坦克进攻，但在兵力对比的绝对劣势下，这场进攻注定要以悲剧收场。

▲ 塞班岛战场，自杀式反冲击后留在滩头阵地的日军第9坦克联队97式中型坦克残骸。这辆97式中型坦克被M4A1"谢尔曼"的75毫米穿甲弹正面击中，不但整个底盘都被摧毁，而且还在炮塔右侧造成了一个巨大的破洞。

◀ 塞班岛1944年6月16日的战斗结束，日军第9坦克联队的这辆97式中型坦克残骸正遭受着陷入沼泽地的灭顶之灾。请注意坦克的后边安装的支架，很多日本坦克都加装了这种便于携带步兵的临时支架。

◀ 1944年6月24日塞班岛战场，一辆被762坦克营M5A1轻型坦克击毁的97式中坦克。1944年6月16日的自杀性反冲击过后，日军第9坦克联队只有大约6辆97式中型坦克得以幸存。这些幸存者在以后几天的战斗中被美军零星打掉。图中这辆97式中型坦克的57毫米炮已经不见踪影，而且可以清楚地看到两个37毫米弹痕位于火炮防盾附近。

▶ 这是塞班岛战场上，被美军缴获的那辆担任日军第9坦克联队指挥车的97改中型坦克。虽然97改中型坦克早在1942年初就参加了第一次作战，但塞班岛才是这种坦克首次真正大量参战的地方。由于坦克在日本的生产等级并不高，1944年以前太平洋战场上的97改是极为罕见的。从理论上来讲，这种坦克装备的新型47毫米长身管坦克炮对M4"谢尔曼"有一定的威胁，但实战中却证明理论和实际还是有差距的。

▼ 这是第9坦克联队第3中队中队长西馆少佐乘坐的97改中型坦克。可能是因为在1944年6月16日的交战中受损，坦克炮被卡住了。值得注意的是，在这辆坦克上，中队的标识是装在炮塔侧面的一片薄金属板，但也已经被打松了。

◀ 1944年7月，美国陆战队4师坦克营一辆名为"珍妮·李"的M4A2"谢尔曼"正在塞班岛上实施战场机动。从照片上可以看出，此时美军已经广泛地采用了在坦克车体两侧面加装木板的方法以防御日军的手执式磁性反坦克雷。同时还应注意的是，在车身前的倾斜装甲板上铺有一层混凝土，其作用和木板是一样的。

▲ 1944年6月19日塞班岛战场，一辆美国海军陆战队2师坦克营D连名为"灰烬"的M3A1喷火坦克。D连装备有12辆M3A1"撒旦"式喷火坦克，以火焰喷射器取代了原有的37毫米炮。然而，大多数陆战队坦克手认为"撒旦"的喷火射程不够，而且携带的油料也有限，只能持续两分钟左右的时间。照片上两名陆战队员正在展示他们的战利品——一挺日军92式机枪和一支99式步枪。

▲ 1944年7月8日塞班岛战场上，美国海军陆战队4师坦克营C连一辆名为"金刚"的M4A2坦克正在为陆战队员们提供火力支援。大多数美军坦克上岸后都懒得去掉坦克的后部通气管（即"浮木"），但引擎室上面的通气管却必须被拿掉——因为这个东西会极大地妨碍炮塔旋转。此外，这辆"谢尔曼"同样在车体两侧装有防护木板。

▲ 1944年7月7日塞班岛战场上，一辆M3A1"撒旦"式喷火坦克正在护卫一辆LVT-3水陆两栖装甲车。注意喷火坦克的前机枪被拆除，以提供必要的燃料存储空间。

▲ 1944年7月25日塞班岛战场，美国海军陆战队2师坦克营一辆绰号是"叮咚"的M3A1"撒旦"式喷火坦克正在登陆。注意这辆坦克使用了一根显然是临时凑合的管子代替了标准的通气管。

▲ 塞班岛战场上，一辆美国陆军M8型75毫米轻型自行榴弹炮。这种战斗车辆采用的是M5轻型坦克的底盘，但是换装了一种全新的敞开式炮塔。

▲ 塞班岛战场上，美国海军陆战队4师坦克营D连一辆名为"纳尼"的M5A1轻型坦克，正在掩护一辆M3A1"撒旦"式喷火坦克对据守在悬崖洞穴中的日军步兵展开攻击。在战斗中，喷火坦克通常由普通的火炮坦克伴随，以提供掩护火力。事实上，在战争的这个阶段，因为日军坦克数量极少，反步兵榴弹已经成为了M5A1的主要武器。

班岛被美军宣布全面占领。不过，真正肃清全部日军是6个月以后的事了。

相对于以前的太平洋岛屿争夺战，塞班岛的战斗完全改变了原有的雨林地带坦克运用方式——对于占压倒性优势的美军是这样，对日军何尝不是如此？事实上，面对日军炮兵和磁性地雷，美军坦克同样付出了惨重的代价。日军的反坦克小组很快就学会了如何针对M4A2中型坦克的弱点使用磁性反坦克雷的方法——比如坦克的后部油箱。当然，美国海军陆战队队员们同样也学会了如何更有效地组织步坦协同——当然，也许这在东线或是欧洲战场完全不可想象，但太平洋雨林中的两年鏖战却表明，直接在坦克后部配备一部有线电话绝对是个不错的主意，在组织步坦协同时，它远比不可靠的无线电或是旗语都要有用。不过，塞班岛战斗的结束并不意味着整个马里亚纳战役落下了帷幕，事实上它不过是个开始而已。1943年7月24日，在各自的师属坦克营的支援下，美国海军陆战队陆战2师和4师开始攻击附近的提尼安岛。提尼安岛上日军兵力为海军第56警备队、第82和第83防空队，以及第一航空舰队的空勤、地勤和司令部机关人员，共约4100人，配置有140毫米岸炮10门、75毫米高平两用炮9门；陆军为步兵第29师团之第50联队、步兵第135联队第1大队和1个坦克中队，共四千余人，配属75毫米山炮12门、37毫米反坦克炮6门、坦克12辆。第50联队原是驻扎在中国东北的关东军，训练有素、装备精良，是岛上防御的中坚力量。在击毁支援日军第18步兵联队的2辆95式轻型坦克后，美国海军陆战队队员们在白天仅仅遭遇到了零星的抵抗。到了晚上，像在塞班岛那样，剩余的日军坦克也被重新集中起来发动了反冲击，不过在损失了全部的5辆95式坦克后，守岛的日军基本被打断了骨头，提尼安岛

1944年7月25日，美国海军陆战队2师坦克营C连一辆被称为"海盗船"的M4A2"谢尔曼"中型坦克正在驶上提尼安岛海滩。提尼安岛是美军在1944年7月对马绍尔群岛的进攻中所攻击的第3个大岛。马绍尔群岛是后期型M4A2坦克初次投入战斗之地，该型坦克带有47度倾角的前装甲板和防水式弹药舱。同时应该注意的是，在这个时期坦克通气管的形状规格已经比太平洋战争前期更为标准化了。有意思的是，这辆坦克似乎在车身上有一层非常粗糙的伪装，很可能是用泥巴就地涂出来的。

一辆绰号是"凯撒"的美国海军陆战队2师坦克营C连的M4A2W中型坦克正在提尼安岛的小山坡上开进。马绍尔群岛的地形非常适合使用坦克作战，不少于6个美国坦克营参加了这里的战斗，相比之下日本人只有一个坦克中队，这使得美国人在坦克数量上拥具有14比1乃至更高的绝对优势。

◀ 在提尼安岛南部悬崖地区的战斗中,一辆绰号为"耶利米黄金射手"的美国海军陆战队4师坦克营的M4A2W中型坦克。虽然这辆坦克是后期生产型,但仍在车身侧面装有附加装甲以增强防护性。

◀ 这张照片上可以看到美国海军陆战队3师坦克营在战争后期使用的战术标识的清晰的细节。这支部队在塔拉瓦作战的陆战1军独立坦克营的基础上扩编而成,所以继续使用了原先的大象标识。此外,两边带有白条的五星也是这个部队特有的标识,五星上面的小菱形符号是陆战3师的标识,至于旁边的倒三角形则很可能是D连自己的识别标志。

◀ 1944年8月2日关岛战场上,美国陆军第707坦克营C连一个排的M4A1中型坦克在阿加纳附近投入了战斗。关岛战役是在塞班岛登陆之后不久发起的。照片中这些采用了铸造车身的M4A1车身前装甲是一整块铸件,而不是由多块焊接装甲板构成。

日军新式47毫米反坦克炮的威力,在这张关岛战场上美国海军陆战队2师坦克营的"托罗"号M4A2中型坦克的照片上可以看得十分清楚。1944年7月26日在关岛的战斗中,这辆坦克被日军47毫米反坦克炮击中,我们虽然在车体侧面镶嵌的木板上面看到了至少两处被击中后留下来的弹洞,但车体本身的基体装甲显然没有被击穿。值得注意的是,美国海军陆战队2师坦克营是少数几支严格按照条例要求对他们的坦克进行涂装的陆战队坦克部队之一。除了通常的战术标识之外,这辆坦克沿着炮塔座圈还涂上了用于直射的标尺刻度。

关岛战场上,一辆日军95式轻型坦克正作为战利品,由美国海军陆战队3师坦克营的一辆M32装甲抢救车进行拖带。这辆M32抢救车的名字是"全能者",涂有代表该营的大象标识。

随即被美军占领。

塞班岛与关岛是整个马里亚纳群岛"破堤之战"中最重要的两个目标。尽管关岛在战前四十余年时间里是美国领土,但美军直到开始制定进攻关岛的计划时才发现,相关资料非常粗略,而且对日军占领后的情况更是一无所知。事实上,此时关岛上的日本守军是日本陆军步兵第29师团、第48独立混成旅团、第10独立混成联队、第52高炮大队、第9坦克联队一部以及海军第54警备队,共两万余人,火炮二十余门,坦克38辆,由第29师团长高品彪中将统一指挥。美军原计划6月18日在关岛实施登陆,但通过塞班岛登陆作战,美军高层

本能地感觉登陆部队的兵力还要加强。考虑到增援部队到达战场还需要一段时间,加上海军舰队也要全力对付日军机动舰队,所以斯普鲁恩斯于7月8日决定将登陆作战推迟到7月21日,登陆部队除原来的海军陆战队陆战3师和暂编第1旅外,还增加了陆军第77师。此外,由于塞班岛与提尼安岛的作战基本结束,美国海军陆战队陆战2师、4师的装甲营也都被调往关岛,这就使用于关岛的美军装甲力量空前强大起来——总计第2、第3、第4陆战师的师属坦克营,以及划归陆军第77师建制的陆军第706坦克营有约343辆坦克(其中近一多半是柴油版M4A2)。

▲ 关岛战场上日本陆军第9坦克联队第2中队的一辆95式轻型坦克残骸。这辆95式轻型坦克是被美军第77步兵师的"巴祖卡"反坦克火箭筒击毁，注意驾驶员舱盖已经打开，这就意味着日军坦克手可能已经及时逃出。事实上，整个日本陆军第9坦克联队是被分成两部分分别在关岛和塞班岛使用的，但其大部分坦克都毁于滩头附近的反冲击。

相对于美军装甲力量的强大，关岛日军所拥有的坦克就只能用微不足道来形容了。这支力量包括第9坦克联队的第1、第2中队（29辆95式轻型坦克和97改坦克），以及从印度支那半岛（即中南半岛，又称"中印半岛"，亚洲南部三大半岛之一）抽调来的第24独立坦克中队（9辆95式轻型坦克）。1944年7月21日早上8点30分，在猛烈炮火支援下，美军开始突击上陆，陆战3师在奥罗特半岛北部的阿散海滩登陆，陆战1旅和陆战第77师在奥罗特半岛南部的阿加特海滩登陆。然而伴随登陆部队上陆的坦克由于地形复杂、遍地障碍和地雷以及错误的引导，一直没能投入战斗，只有一辆M4A2在争夺加安据点的激战中，发挥了作用，绕到日军阵地后方，用炮火摧毁了坚固的据点，为步兵前进打开了通路。当然，利用这个机会，第9坦克联队第1中队也曾经试图将立足未稳的美军赶回大海，然而参与反冲击的全部10辆95式轻型坦克很快美国海军陆战队步兵用火箭筒击毁了5辆。不久，第24独立坦克中队发动的另一场轻率进攻也以全军覆没的结局而宣告失败（日军的进攻在协调上的欠缺显然令人吃惊）。此后，残余的第9坦克联队第2中队开始向北撤退以图保存实力，但它们在未来几天的一系列遭遇战中还是被零星消灭了……1944年8月10日，关岛日军向东京大本营发出了最后的诀别电。美军攻到了关岛的最北端，宣布关岛日军有组织的抵抗已经被肃清。

◀ 1944年9月帕劳群岛战役中，美国陆军第763坦克营B连的一辆绰号为"收音机"的铸造车体型M4A1中型坦克。在帕劳群岛，第763坦克营主要负责支援第81师作战。我们在这辆"谢尔曼"的变速箱上可以清晰地看到其所属坦克营标志——一个里面带有矩形的菱形图案。但炮塔上的白色五星则因为被炮塔座圈周围的防水材料遮盖住了，只露出了半个。

▲ 1944年9月帕劳群岛战场上，美国海军陆战队1师坦克营的M4A2中型坦克占领了佩莱利乌机场。在佩莱利乌的战斗中，日军第14师团所属坦克中队曾向机场发动了一次反攻，但遭到来自M4A2坦克、75毫米M3自行火炮和其他反坦克武器的猛烈还击。陆战队坦克手发现普通穿甲弹对95式坦克似乎没有什么效果，因为它从坦克一侧穿入，又从另一侧穿出去了，而75毫米高爆炮弹却十分有效。

◀ 1944年9月，佩莱利乌机场附近，一辆美国海军陆战队的LVT-A1正驶过一辆日军第14师团坦克中队的95式轻型坦克残骸。这个坦克中队对佩莱利乌机场发起反攻的结果是，整个中队连同搭载步兵全军覆没。

　　有意思的是，虽然在马里亚纳群岛战役收官之后，美军对帕劳群岛发动的进攻是一次非常有争议的战役。但这次战役本身却是研究太平洋战争中后期坦克战的一个绝佳范例。佩莱利乌是一个堪比塔拉瓦的坚固设防的岛屿，美国海军陆战队陆战1师于1944年9月15日在此登陆，整个登陆过程相较之前的历次战斗，可以说是平淡无奇，但在陆战队员们攻克机场的那一刻却仍有精彩。登陆的下午，当日军第14师团坦克中队的大约15辆

95式轻型坦克（95式坦克在车身侧面和后部安放了55加仑的半截油筒，以容纳搭载的日军步兵）在冲过岛上佩莱利乌机场跑道企图将陆战队员们赶回海中时，戏剧性的一幕出现了。在美国海军陆战队的火力打击下，日本人这场看上去挺有气势的坦克冲击其实不过是加速了自己的灭亡——这次攻击很快在巴祖卡、12.7毫米重机枪、37毫米反坦克炮、75毫米自行炮、3辆M4A2坦克和海军火力的猛烈射击下被击溃了。不过鲜为人知的是，

当美军坦克手发现他们的穿甲弹似乎对95式坦克没有效果时，曾一度陷入了慌乱中。但实际上这不过是因为穿甲弹是从日本坦克的一侧射入，又径直从另一侧穿出去了。在了解到这一情况后，坦克炮手们开始换上高爆弹，把日本坦克打成了碎片——这些日本坦克的下场是如此悲惨，以至于陆战队员们后来发现，很难确定有多少辆坦克参加了这次反击。虽然在这次反击之后，岛上仍然发生了很多次战斗，日军步兵不顾希望渺茫，仍然坚持进行战斗，但最后以帕劳群岛的一系列战斗结束为标志，太平洋战争的重心已经由中路移到了道格拉斯·麦克阿瑟将军一直强烈要求的西南太平洋方向——凌乱而琐碎的太平洋装甲战也进入了最后阶段。大反攻开始了！

第四章

战争后期的坦克运用

1944年春，道格拉斯·麦克阿瑟将军对部队前进的速度感到非常不满意，他制订了一个大胆的计划，准备跳过日军坚固设防的很多岛屿，进行一个大胆的插入作战，直取日军作为后勤基地的荷兰地亚和艾塔佩，美国陆军第632坦克歼击营和第44坦克营参加了这些作战。而装备M4A1中型坦克的第603独立坦克营则在偏远的布拉克岛登陆，驻扎在那里用于支援守军作战的6辆95式坦克很快就被全部击毁。1944年8月，澳大利亚部队在来自第4装甲团的大受欢迎的马蒂尔达坦克的支援下，一路向东方的威瓦克推进。而新西兰坦克唯一一次使用则发生在这期间的1944年2月，装备瓦伦丁Ⅲ型坦克的特种坦克连对格林岛的登陆作战进行了火力支援。虽然这些战斗仍然零乱得让人难以印像深刻，但反攻菲律宾乃至日本本土的最后战役却正是由此拉开了序幕（事实上，道格拉斯·麦克阿瑟将军从来没有忘记履行他要回来的诺言）。

▲ 1944年，一支新的中国坦克部队在印度兰姆加训练中心成立，以承担反攻缅甸和中国南部的任务。照片中是中国驻印军第3坦克营的一个M3A3"斯图亚特"轻型坦克编队。

▲ 1944年2月，格林岛登陆战新西兰第3特种坦克连装备的英制（加拿大产）瓦伦丁MK3型步兵坦克。新西兰坦克一般还会在炮塔一侧用罗马数字（Ⅰ到Ⅴ）喷涂简单的战术编号。但这些数字主要靠颜色而不是本身的数字含义来进行区分，比如白色表示指挥官座车，黄色的代表军官座车而红色则代表一般车辆。除此之外，在新西兰乃至英联邦军中普遍流行的龙形标识也可以在这辆车上模糊的看到。

▲ 在1944年几内亚战场上,这辆绰号为"粗心的乔"的"谢尔曼"曾经在一次战斗中推毁了22个日军地堡。

▲ 1944年2月,一辆绰号为"猎人"的M3A1被日军击毁在那慕尔岛。

▲ 1944年初,一辆来自海军陆战队3师坦克营的M3A1轻型坦克在俾斯麦群岛的埃密劳岛登陆。这辆坦克可以很明显地看出已经经历了几次战斗——很可能是在布干维尔岛。这辆坦克的标记是一个亮黄边的钻石,里面有一个数字1。

◄ 1944年初,几内亚战场上美国陆军第603坦克营的M4A1"谢尔曼"。

菲律宾战役最初的构想是以澳大利亚军队配合美军作战,但后来澳军接替了突破日军在新几内亚的防御,进攻婆罗洲以占领重要的油田地区和简易港口的任务(1945年4月,澳大利亚皇家第9装甲团的马蒂尔达坦克支援第26步兵旅在打拉根登陆,接着在文莱湾登陆,其特遣队则参加了夺取布鲁克顿和拉布安岛的战斗。澳大利亚坦克的最后一次独立行动发生在1945年7月,第1坦克团对巴厘巴板油田的登陆行动进行了支援。在战斗中,标准的马蒂尔达坦克还得到了"青蛙"式喷火坦克、马蒂尔达推土机和"盟约者"架桥车的帮助和支援),所以最终解放整个菲律宾战役只能由美军独立完成。而正是在反攻菲律宾的战役中,发生了对太平洋战争的双方来说都是最大规模的坦克战(当然,这种说法是将后来发生在中国东北的战役排除在外的前提下)。日军第一次把他们有限的几个坦克师团之一——第2战车师团投入了到了对美军而不是苏联红军的作战中。

日军第2战车师团被部署在吕宋岛,在邻近的莱特岛上的日本守军中则包括了独立第7

▲ 1945年7月婆罗洲巴厘巴板，澳大利亚第1装甲旅第2营侦察连的马蒂尔达步兵坦克。此外，澳大利亚的坦克手们沿用了英军的编码方法，即用一个三角形代表A中队，但像图上的倒三角则表示一个独立中队。至于右上角的装甲旅标志和2-1/214的战术编号则一般位于坦克车体右边的斜坡区。

▶ 1945年3月1日婆罗洲打拉根岛战场上的澳军马蒂尔达步兵坦克。澳大利亚军队原计划在菲律宾登陆，支援美军作战，但其作战目标在1945年2月改为北婆罗洲。1945年3月1日，作为双簧管一号行动的一部分，澳大利亚第2、第9装甲旅C连在婆罗洲打拉根岛登陆，支援第26步兵旅作战。打拉根岛糟糕的地形后来被称为"西里伯斯海上的烂泥塘"，给马蒂尔达坦克的运用带来极大困难。为此，澳大利亚工兵部队采取了各种办法来加固海岸地带，使其能承受马蒂尔达步兵坦克的重量。

◀ 1945年5月1日，澳大利亚第2、第9装甲旅的一辆马蒂尔达坦克由美国海军的LST-580号坦克登陆舰搭载送上打拉根岛。注意船运分配标志标在坦克挡泥板上面，部队战术编码则标在倾斜甲板上。虽然马蒂尔达坦克的装甲防护性已经很好，但澳大利亚坦克手仍用备用履带板进行了进一步加强。甚于还在发动机舱盖上焊接了网格，以防止日军将炸药包投到里面去——澳大利亚军队细致的作风可见一斑。

▲ 1944年10月—12月的菲律宾战役对日美双方来说，都意味着太平洋战场上最大规模的坦克交战。1944年10月20日，美国陆军第44坦克营一辆名为"意大利人"的M5A1轻型坦克正在莱特岛上实施战场机动，为第1骑兵师提供火力支援。

▲ 1944年10月，日军部署在莱特岛上的独立第7坦克中队仍然装备着陈旧的89式中型坦克。照片中这两辆89式坦克是在1944年10月23日的战斗中被击毁的。

▲ 1945年7月1日，在婆罗洲巴厘巴板的双簧管二号行动中，澳大利亚第1装甲旅的两个连负责对澳大利亚第7师进行支援。1945年7月3日，照片中这辆马蒂尔达坦克在石油精炼厂附近的战斗中对第18步兵旅进行了支援。由于日军非常缺乏反坦克武器，而马蒂尔达坦克的防护性能又十分优秀，所以这种坦克在澳大利亚军队中获得了极佳的口碑。

▲ 两辆75毫米M8自行榴弹炮在莱特岛登陆不久，就开始为第1骑兵师提供火力支援（其中一辆M8上仍带着通气管）。

▲ 1944年10月在莱特岛德拉格地区被击毁的89式中型坦克。后来，某辆89式坦克（也许就是这一辆）被美国陆军送回阿伯丁试验场进行技术检查，现在它仍陈列于该地的坦克博物馆中。

◀ 1944年11月23日，美国陆军第763坦克营一辆铸造车体型的M4A1"巨蝮"号，在莱特岛为第96步兵师提供火力支援时尴尬地陷入了泥沼中。这时莱特岛上的美军坦克手已经懂得有必要涂去坦克上的那个很大的白五星——它对日军反坦克炮来说，是个再好不过的瞄准目标。

◀ 1944年10月24日莱特岛战场，一辆M4A1中型坦克正在驶过一个偏僻小镇。这辆坦克在光滑的橡胶履带板上附加了齿片，有助于提高在莱特岛上频繁遇到的泥沼地带的行驶性。

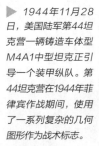 1944年11月28日，美国陆军第44坦克营一辆铸造车体型M4A1中型坦克正引导一个装甲纵队。第44坦克营在1944年菲律宾作战期间，使用了一系列复杂的几何图形作为战术标志。

坦克中队（装备89式中型坦克）和一个95式轻型坦克中队（事实上，这一点也从侧面说明，与3年前日军风光得意时相比，日本坦克部队根本就没有任何长进）。美军方面，投入的坦克力量包括7个坦克营、3个坦克歼击营和几支独立坦克部队，一共有五百多辆坦克和坦克歼击车（M10或M36自行反坦克炮）。1944年10月，美军开始在莱特岛登陆。日军在莱特岛上的坦克力量过于微弱，没起到什么效果。大多数坦克都被巴祖卡和在美国坦克支援步兵行动的战斗中被击毁。而在吕宋岛上，虽然部署了规模庞大的第2战车师团，但山下奉文对于集中坦克兵力同美军作战的想法并不赞

同。因为在塞班岛上发生的一边倒的战斗已经说明，日军坦克的战持性能不能保证坦克在遭到美军坦克或是反坦克武器的攻击后仍能幸存，而且当地的地形也不适合采用这样的战术。所以，山下将军决定将第2战车师团分散配置，构成一系列以坦克为核心的战略据点，以便在其它部队向北撤退时能够减缓美军前进的速度。吕宋岛上的日军指挥官确信，这样的战术能给美军带来最大的人员伤亡，并在最大程度上延缓美军的行动。

　　事实上，在吕宋防御战打响时，第2战车师团已经完成了重新整编，所装备的坦克中有很大一部分换成了新式的97改。前面曾经说

1945年，菲律宾吕宋岛日本陆军第2战车师团第7联队第3中队装备的97改中型坦克。第7联队第3中队的中队标志为樱花，而那个奇怪的风火轮式的标志却并非师团标志，而是一个常用的日本军事徽记，代表了武士道的复苏。

▲ 1945年1月9日，在残酷的马尼拉战役中，美国陆军第754坦克营的一辆M4A1中型坦克正在国会大厦前面驶过。血腥的巷战中，只有坦克能为步兵提供及时而强大的火力支援。

过，97改上配备的新式47毫米炮虽然比老式的97式坦克上所配备的短管、效率低下的57毫米炮要好得多，但仍然只能从侧面击穿美国M4中型坦克，只有在极偶然的情况下才能对"谢尔曼"的前装甲造成致命损坏（这种事情其实从未发生过）。也正因为如此，无论是最新的97改还是普通的97式或是单薄的95式，第2战车师团的大部分坦克都被埋入堑壕中，进行了精心的伪装，并且尽量准备了多个备用阵地，以便坦克在需要的时候可以转移到其他地点。但应该注意的是，这种以坦克为主要支撑点的防御体系在规模上差别很大，比如在乌尔达尼塔的一个最小的支队仅有9辆坦克，而位于圣曼努埃尔的由第7坦克联队组成的稻贺支队则有45辆坦克，至于位于穆尼奥斯的由第6坦克联队组成的伊达支队则有52辆坦克。然而，尽管日军在吕宋岛上部署了大量的坦克，但是却没有发生多少坦克与坦克之间的交战，也没有发生像塞班岛上的那种大规模反冲击。

1944年12月15日，美军开始在吕宋登陆，但由于日军的大部分兵力都部署在内陆深处，结果登陆过程中只在比纳罗南发生了一次小规

1945年1月11日美军在吕宋岛仁牙因湾登陆。像图中这辆美国陆军第44坦克营的M5A1轻型坦克一样，太平洋战场上的美军装甲车辆大部分都装备了被称为"浮木"的通气管——即便能被LST坦克登陆艇运到如此靠近海岸的地方，但由于发动机易被水浸没，对涉水坦克来说，通气管仍是必要的。

一辆在仁牙因湾登陆后不久，仍然带着通气管的美国陆军第716坦克营B连M4A3W中型坦克。该营使用狼头作为标志，从照片中我们可以看到这个标志被涂在了炮塔侧面。

1945年1月29日，美国第637坦克歼击营在克拉克地峡同日军第2战车师团第10联队一支由坦克和卡车组成的机械化纵队遭遇，战斗中美军坦克击毁了日军全部4辆97改坦克。左边这辆97改的炮塔后部被一发高爆炮弹直接命中整个撕裂开了。

1945年1月30日吕宋岛战场，日军第2战车师团一支由8辆坦克和30辆卡车组成的机械化纵队企图冲过美军防线时遭遇了悲剧。照片中是先头坦克，在遭到两枚巴祖卡火箭弹和重机枪的攻击后被彻底摧毁，其中一发火箭弹打碎了前主动轮。一个有趣的细节是：这辆坦克的成员使用多余的履带板作为附加装甲，在太平洋战场上的日军中这种做法很不常见。

1945年1月6日的吕宋岛战场上，日本海军特别陆战队对美军防线发动了一次自杀性进攻，其中姬路第101特别陆战队的特2式内火艇参加了这次反击，照片中即为其中一辆，看起来大体完好。特2式内火艇炮塔后面的管道是通气管，其作用同美军坦克上安装的一样，都是防止海水浸入发动机。但值得注意的是，这辆坦克已经把原来装在车身前后部的两个浮箱都卸掉了。

◀ 另一辆在吕宋岛战场上被击毁的特2式内火艇。特2式内火艇在车体后部装有螺旋桨推进器，这使它们在水中行驶时，具有良好的操作性能。至于车身后部的两个挂环，则被用来挂载后部浮箱。

◀ 吕宋岛战场上，一辆昵称为"战争之子"的美国陆军第775坦克营B连的铸造车体型M4A1中型坦克正在连长杰克·贝特斯上尉的指挥下爬上一个陡坡。这辆早期的铸造车体型M4A1使用了新式的防水弹药舱和加大的发动机舱盖，很可能是由几辆战损坦克拼凑而成。

◀ 吕宋岛战斗中，第716坦克营C连的"时髦衣架"号M4A2"谢尔曼"正在驶过一辆被击毁的日军97式中型坦克。可以很明显地看到，这辆日军坦克的车体后部被直接命中。而"时髦衣架"号上的716营狼头标识被涂在了车身侧面，而不是通常的炮塔侧面。

▲ 这或许是关于美日两国坦克差距最鲜明的一幕了：一辆M4A2"谢尔曼"得意扬扬地装载着战利品——一辆日本94式轻型坦克。值得注意的是，为了防御日军磁性反坦克雷的攻击，这辆"谢尔曼"的整个车体都覆盖了由薄木片制成的保护层。

模坦克交战。1945年1月24日在圣曼努埃尔发生了第一场重要的坦克战。美军第161步兵团在师属105毫米M7型自行榴弹炮和第716坦克营C连的M4A1中型坦克支援下对盘踞该镇的日军发动进攻，对他们进行防御的是稻贺支队的大批分散部署的97式坦克。M7上的105毫米榴弹炮成功地轰塌了前面的反坦克壕，然后在步兵的不断攻击下，日军阵地逐渐向后收缩。最后

在1945年1月28日凌晨的几个小时里，残余的日军在剩下的30辆坦克的支援下发动了3次凶猛的自杀性反扑，但每一次都被美军强大的火力所击溃。到了1945年2月的第一个星期，穆尼奥斯的伊达支队被包围并击溃，残余的坦克企图突围，但是被美军炮兵和第716坦克营消灭。此后，第2战车师团位于鲁帕的第10坦克联队也在2月7日、8日两天的战斗中被消灭掉了。就这样，到1945年3月5日为止，日军曾经的掌上明珠——第2战车师团已被完全消灭，一共损失了203辆97式坦克、19辆95式坦克和2门150毫米自行榴弹炮。但令日本人郁闷的是，第2战车师团的全军覆没对战役的结果却没有产生什么影响——事实是，落后的性能使得日军坦克根本无法成为需要美军坦克手认真对待的威胁。

尽管吕宋乃至整个菲律宾的解放，宣告了日本帝国的丧钟正式敲响——但在这之后，还有很多残酷的硬仗需要美国人去打，比如硫磺岛就是如此。同塔拉瓦一样，硫磺岛的战

▲ 1945年，硫磺岛战役中美国海军陆战队陆战4师师属坦克营的M4A2W"谢尔曼"中型坦克。装76.2毫米M1长身管炮及柴油发动机的M4A2（76）W"谢尔曼"其实是根据租借法案专供苏联红军的，但美国海军陆战队既装备了一定数量的"苏联红军版"M4A2（76）W，也装备了少量装75毫米M3炮的M4A2W。

◀ 硫磺岛战场上一辆绰号为"彗星"的美国海军陆战队陆战4师坦克营C连的M4A2坦克。为了防止不要命的日本"肉弹"强行撬开舱门,坦克的舱门上焊有金属格栅。此外,为增强对日军47毫米反坦克炮的防御,还在车体四周堆积了一些沙袋。

▶ 1945年3月29日,在菲律宾群岛的内格罗斯岛登陆后不久,一辆美国陆军第706坦克营D连的M5A1轻型坦克,正在引导第40步兵师的一列摩托化纵队前进。从炮塔侧面机枪塔上的装甲盖板能够看出,这是一辆战争后期生产型M5A1。

◀ 一辆铸造车体型的M4A1正在支援美陆军第1骑兵师对一处隐蔽的日军反坦克炮阵地发动进攻,这门反坦克炮此前刚刚击毁另一辆M4坦克。这张特别的俯视照片,清晰显示出了美军在菲律宾战役期间,为防止被空中打击误伤而在车身上所喷绘的巨大的白色五星。

◀ 日军第2战车师团最具威力的技术兵器其实是1式75毫米自行火炮。在1944年年底开始的菲律宾战役中1式75毫米自行火炮只配备于师团直属机械化炮兵联队。这种自行火炮实际上是在97式中型坦克底盘上装载一门75毫米反坦克炮而成,是少数几种能在远距离摧毁M4"谢尔曼"中型坦克的日军装甲车辆,但是这种车辆在整个战争中的数量甚至比97改还少,属于不折不扣的"珍稀动物"。

▲ 与1式75毫米自行火炮类似，另一种很少见的车型是4式150毫米自行榴弹炮。4式150毫米自行榴弹炮同样利用97式坦克底盘搭载150毫米榴弹炮而成，但这种新式车辆直到1944年下半年才投入生产。在菲律宾战役开始前，仅有2辆4式自行火炮被分配给第2战车师团。在1945年3月的战斗中被美军击毁并缴获后，照片中这辆被船运回美国进行技术分析，但可惜的是在朝鲜战争中的一次试验中损毁，没能保存下来。

◀ 被摧毁的日军1式75毫米自行火炮的一张后视照片。该车是美国第37步兵师1945年4月6日在菲律宾战场上缴获的，后来被送回美国国内的阿伯丁试验场进行技术检查，现在仍存放于当地的坦克博物馆里。内有一个红色矩形的白色圆圈是这门自行火炮所属中队的标识。

▲ 1945年4月16日，美国陆军第775坦克营B连的M4A1"谢尔曼"，在马尼拉附近的3号国道上对一座日军碉堡进行炮击。如果在变速箱上仔细观察，我们可以看到该营的战术标志：里面带有三角形的白色圆圈。事实上，太平洋战区的美军坦克并不像欧洲战场上的战友们那样只是简单的采用数字代码做为部队标志。

▼ 1945年4月22日，美国陆军第117工程营的一辆推土机正在帮助第775坦克营一辆压上了地雷的M4A1脱离困境。

1945年4月27日，在吕宋岛碧瑶附近的战斗中，一辆铸造车体型M4A1中型坦克爬上了一座能俯视城镇中心的小山。

菲律宾战场上，美国陆军第754坦克营一辆绰号为"龙女士"的M4A3W坦克乘员正在他们的座车前合影。这是一辆中期型的M4A3W，但却带有M4A1的火炮防盾，值得注意的是这个营仍在使用布干维尔岛战役时期的标志，但其位置已经由车身后面移到了车身侧面。

▲1945年6月12日吕宋岛战场，美国陆军第775坦克营一辆带推土铲的铸造车体型M4A1正在支援第37步兵师的步兵执行搜索任务。

菲律宾战役后期，美国陆军第775坦克营开始使用更加丰富多彩的标志。照片中，该营的一辆"谢尔曼"坦克连正在休息，等待向前开进的命令。

1945年8月，美国陆军第44坦克营B连的一批铸造车体型M4A1坦克及其车组人员正在摆好姿势，准备照相。在1945年2月3日的战斗中，该部队进展神速，占领了马尼拉"圣·托马"大学。如照片所示，此时的第44坦克营使用了一种特殊的标志。

斗将作为陆战队在太平洋战争中最艰难的战役之一留在他们的记忆中。硫磺岛是一个同塔拉瓦差不多大的、含大量硫磺的火山岛，上面有大量的自然洞穴和日军防御工事。然而，在战役之初坦克就被派遣上陆，并且在整个战役中扮演了一个重要的角色，其任务是在防御日军步兵反冲击时提供火力支援，并在摧毁日军碉堡的战斗中起重要作用。在硫磺岛上配置了陆战队第3、第4、第5师的3个坦克营。1945年2月19日硫磺岛登陆时，陆战队坦克营相比之前在实力和装备上又有了扩充，

现在每个营有67辆M4A2坦克，其中9辆装备了E4-5型火焰喷射器。利用这些喷火坦克，美军坦克手们总结出了一套攻击日军坚固碉堡的标准战术——先以坦克火力或炸药包对碉堡进行压制，然后用火焰喷射器将其烧毁。不过，硫磺岛上对陆战队坦克最主要的威胁不是碉堡而是地雷（美军密切的步坦协同战术和岛上开阔的地形限制了日军惯用的近身肉搏式反坦克战术的发挥）。日军在岛上唯一的装甲部队是不满编的第26坦克联队。该联队联队长关西大佐希望把他的97式坦克作为流

动火力点使用，但是他接到的命令却仍是把坦克作为固定碉堡来配置。结果，大多数日军坦克在掩体中被陆战队的巴祖卡火箭筒或是抵近射击的美军坦克击毁。当然，这种战术也导致美国海军陆战队的坦克在战斗中损失很大，大多数的海军陆战队坦克营在战斗结束后都只剩下了将近一半的实力。但是最后，硫磺岛还是被攻下来了。

硫磺岛战役之后，太平洋战争中最大规模的两栖行动于1945年4月在冲绳开始。冲绳战斗被认为是在日本本土上的第一场战斗，也使日本平民第一次卷入战争（当然，琉球人民愿意

▲ 1945年，冲绳战役美国海军陆战队陆战1师师属坦克营装备的M4A2W"谢尔曼"中型坦克。陆战1师师属坦克营在此前的战斗中曾多次遭到日军步兵的自杀性攻击而损失惨重，因此在冲绳岛战役期间极为重视坦克的防护。于是，我们在这辆坦克上看到了大量备用履带被焊接在车体和炮塔周围作为附加装甲使用。

◀ 冲绳战场，美国海军陆战队1师坦克营的一辆M4A2W中型坦克带着一捆木头从海滩登陆。这些木头用于填充日军的反坦克壕。日军工兵经常在据点前面精心挖掘反坦克陷阱，以阻碍美军坦克行动，并使他们陷入日军反坦克炮火力或地雷阵中。这张照片同时也显示出，相比于陆军，陆战队的坦克更广泛地领会了附加装甲的好处。

1945年5月冲绳战场，美国海军陆战队1师坦克营的一个M4A2W中型坦克排。这些"谢尔曼"坦克广泛使用了备用履带板做附加防护，以抵御日军的反坦克炮和各种手执式反坦克地雷。这些坦克的悬挂装置会用木材或木板仔细地遮蔽上。

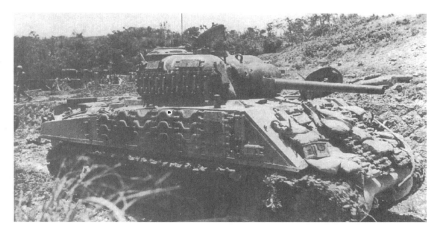

冲绳战场上，美国海军陆战队1师坦克营的一辆M4A2W中型坦克。这是一辆后期生产型坦克，带有新式的车长指挥塔。有意思的是，因为在炮塔上悬挂了备用履带板，该部队只能把战术标志喷涂在炮塔上沿，其标志为一个圆圈围起来的数字1。

冲绳岛上最主要的日军坦克部队虽然只有一支不满编的第27坦克联队，但是许多步兵部队也都加强了仅配备机枪的94式超轻型坦克。照片中这辆94式"小豆坦克"是1945年6月40日的战斗中被击毁的。

▲ 1945年5月17日冲绳战场，美陆军第713喷火坦克营的一辆M4喷火坦克正在珊瑚山山脊进行战斗。冲绳战役中，第713坦克营惯用的战术是这样的——火炮坦克使用普通的75毫米炮攻击日军碉堡或屯兵洞，以削弱日军防御，防止敌军火力还击，然后喷火坦克向前开进，进行攻击。由于M4喷火坦克装备的后期型喷火器被装在假炮管中，因此很难将喷火坦克和其他坦克区分开来。

◀ 1945年6月4日冲绳战场，在支援第382步兵团的战斗中，陆军第713坦克营的一辆M4喷火坦克在日军炮火下向前推进。注意加装在坦克车体后部左侧的有线电话盒，这是一种进行步坦协同作战的有效方法，也许至今仍有实用价值。

▲ 1945年冲绳战场，美国陆军第713喷火坦克营一辆M4喷火坦克正在对冲绳岛南部海岸藏有日军的洞穴进行攻击。由于在冲绳的战斗被日本人认为是第一场在其本土进行的战役，所以仗打得非常残酷。冲绳本地居民也经常被强迫加入日军中进行自杀性恐怖袭击，美军在战斗中不易分辨敌人与平民。

▲ 冲绳战役结束时，美国陆军坦克手们对海军陆战队的同行使用附加"木板装甲"防御日军步兵磁性反坦克雷的方法表现出了很大的兴趣。照片中是在冲绳战役结束前夕，一辆陆军M4A3仿效陆战队进行了同样的改装。

不愿意承认自己是日本人总是个疑问），这一切都预示着将要发动的对日本本土的进攻将会非常残酷。不过，在经过了第2战车师团在菲律宾毫无效果的战斗之后，日本陆军决定将他们最好的装甲力量保留下来，用于本土防御，不再将精锐的坦克和坦克手们送到太平洋那大大小小的岛屿上白白牺牲掉。结果在这种思想的指导下，冲绳岛上唯一的日军坦克部队只是不满编的第27坦克联队，共有13辆95式坦克和14辆97式坦克。相比之下，家底雄厚的美军考虑到坦克在马里亚纳、菲律宾和硫磺岛的成功使用，所以他们决定在冲绳投入历史上最强大的装甲力量——一共8个陆军坦克营、2个海军陆战队坦克营和2个海军陆战队独立坦克群，坦克总数超过800辆。此外，还有数百辆陆战队的两栖坦克、陆军的自行火炮、半履带车和其他装甲车辆参与作战。陆战6师师长谢泼德将军后来说："如果把对战役进展的贡献超出其他方式的某种支援手段单独区分出来，我们当然要选坦克"。所以同以往的情况一样，日军

的坦克在战斗中没有起到什么作用，大部分在1945年5月5日的自杀性攻击中损失掉了。

缅甸见证了中太平洋战区范围之外最大规模的装甲兵力集结。在1943年阿拉干战役中对坦克进行了成功的使用之后，英军和印军越来越依赖坦克对步兵进行近距离支援。在1945年发动最后攻势的时候，在缅甸和印度已经配备了大约12个坦克团。这次攻击使英联邦军进入了缅甸中部地区平坦的、很少有茂密森林的地带。坦克部队创下了在3个星期内前进300英里进入仰光的记录。至于日军在缅甸则仅有很弱的装甲力量，只有在1942年战役之后始终驻扎在该地的第14坦克联队，而且其装备极为不足，以至于它的第4中队使用的是1942年从英军第7装甲旅手中缴获的"斯图亚特"坦克。第14坦克联队参加了1944年的英帕尔战役，在这场战役的最后阶段，它的实力下降到仅剩4辆坦克。其后从日本国内调来了补充力量，包括一些新式的97改坦克。重建的第14坦克联队参加了敏铁拉战斗，1945年3月，它的最后一

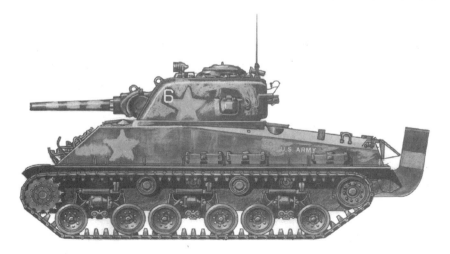

▲ 1945年，冲绳战役美国陆军第713坦克营装备的105毫米M4火力支援型坦克。在整个太平洋战场，只有直属总预备队的美国陆军第713坦克营的坦克可以"打扮"得这样个性。除了巨大的白色五角星和简单的战术编号外，这辆"谢尔曼"可以说朴素异常。

▲ 1945年4月在冲绳登陆期间,美国陆军第713坦克营的铸造车体型M4A1中型坦克和105毫米M4火力支援坦克正在沿着一条山脊占领阵地。照片前面的坦克是喷火坦克,装105毫米榴弹炮的火力支援坦克使用了带有水平螺旋弹簧悬挂系统的新式车体,这些车辆属于坦克营指挥军团,以便在战斗中提供火力支援。值得注意的是,大多数车辆都使用了伪装色,而且都将白色的识别五星涂掉了——原因在于这个时期,大多数日本步兵团都装备了47毫米反坦克炮,该炮在一般战斗射程内对M4侧装甲还是有效的。

辆坦克在曼德勒公路上被英联邦军第255坦克旅的"谢尔曼"坦克击毁。值得一提的是,在缅甸公路战区,中美联军组建了中国暂编坦克军团,该军团由4个装备M3A3"斯图亚特"坦克的营和2个装备M4A4"谢尔曼"坦克的营组成。这支部队参加了中国军队在缅甸和中国南部发动的攻势,成为后来组建的中国坦克部队的核心力量,并参加了随后爆发的中国内战。

尽管1945年8月发生的满洲战役是太平洋战争中规模最大的坦克行动,但这次战役的细

▲ 1945年,英联邦缅甸皇家陆军第150装甲团(威尔士亲王近卫骑兵团)的M3"李"中型坦克。缅甸战场上的英军装甲部队延续了欧洲战场上的一些习惯。比如,他们的美制坦克常常被喷涂成深绿色,但实际上只是为避免根据租借法案的要求对这些坦克进行重新喷涂的一种说辞。这辆被称为"古苏格兰人"的M3"李"中型坦克在后部车身上安装了一层附加装甲以保护发动机,并在后部安装明显是从M3"斯图亚特"轻型坦克上拆下来的了储物箱。同时应该注意,英国人有时会拆除车长机枪塔,然后在这个位置上安装标准的烟幕弹发射器。

▲ 一辆M3"李"坦克在解放仰光的战斗行动中。M3"李"中型坦克虽然在东线战场上性能相对落后，被苏联红军认为是垃圾，但在缅甸的英联邦军队中却很受欢迎。威尔士亲王近卫骑兵团首先在1944年初的丛林战役中证实了它的价值。

▲ 由坎贝尔少校指挥的英联邦缅甸皇家陆军第150装甲团C连的这辆M3"李"中型坦克，在1945年2月曼德勒战斗中表现出很强的战场适应性。他们在车体前面焊接了很多备用履带板作为附加装甲，以抵御日军反坦克炮的攻击。而在战斗中这种作法也的确有效，曾有一辆M3"李"中型坦克被日军37毫米反坦克炮击中不下13次，却仍能保持战斗力。

◀ 1945年3月10日缅甸战场，英联邦缅甸皇家陆军第150装甲团C连的"哥萨克骑兵"号M3"李"正在引导第19英印师步兵推进。

◀ 英军根据租借法案获得的M4A4"谢尔曼"中型坦克也参加了缅甸最后阶段的战斗。图为英王爱德华七世第5印度枪骑兵团B连的M4A4"谢尔曼"中型坦克，正在1944年12月31日的战斗中执行火力支援任务。

1945年4月，英王爱德华七世第5印度枪骑兵团B连的M4A4"谢尔曼"中型坦克正在向瓦乌开进。车上搭载着印度皇家陆军孟买掷弹兵团的步兵们。车体后部冲锋的公牛标志是第44英印装甲师的标识。

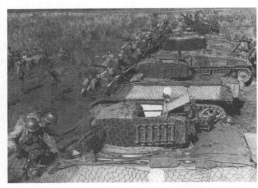

▲ 1945年1月，中国第1暂编坦克群参加了缅甸的战斗行动。照片中，全套美式装备的步兵们正在爬上M4A4和M3A3坦克。M3A3坦克上覆盖了一层金属网，以便在上面挂上树叶作为伪装。

▲ 1945年初，中国第1暂编坦克群一辆M4A4"谢尔曼"坦克在缅甸公路腊戍附近的作战中

▲ 1944年12月在缅甸的战斗中，一辆日军97式小坦克被中国第38步兵师第112团的一个巴祖卡火箭筒组击毁。

▲ 1945年3月24日，在缅甸兴威地区作战的中国暂编第1坦克群的"谢尔曼"坦克营。中国坦克手们在他们的坦克上喷绘了彩色的老虎标志。

▲ 另一张中国暂编第1坦克群M4A4"谢尔曼"坦克行军队列的照片。照片中也可以看到坦克上喷绘的老虎标志。

▶ 中国暂编第1坦克群的一队M4A4坦克，不顾倒塌的桥梁正在涉水通过缅甸南瑶河。这张照片上可以清晰地看到坦克前面所绘的老虎标志。

◀ 太平洋战争中没有像欧洲战场那样使用太多的特种车辆。照片中是美国海军设计的一种扫雷耙，但在战争中从未使用过。虽然地雷在战争中是大问题，但是人们对这种扫雷耙的效果却没有多大的信心。

▼ 根据租借法案，中国军队还接收了其他的装甲机械化装备，包括照片中这辆做了伪装的M3侦察车。这辆车在防空武器支架上配备了一挺水冷式12.7毫米勃朗宁重机枪。

▲ 其实中国装甲部队暂编坦克群在投入缅甸作战前，曾在印度兰姆加的训练中，使用了其他很多种型号的装甲战斗车辆，包括照片中这种澳大利亚制的履带式通用运输车。

▲ 根据前期作战的经验，1945年2月在硫磺岛登陆时，美国海军陆战队的坦克已经采取了更好的防护措施，以抵御日军的步兵反坦克战术。美国海军陆战队5师坦克营的这辆M4A2W型坦克在车体侧面加装了夹衬，以防御日军磁性地雷的攻击，同时在炮塔舱盖上焊了钉子，防止炸药包从打开的舱盖投进来。这辆坦克陷进了登陆海滩附近松软的火山岩土壤中。

▲ 美国海军陆战队4师坦克营B连的两辆M4A2在硫磺岛蓝色2号海滩为第24步兵团提供火力支援。照片背景上可以清晰地看到大规模的登陆舰队在停泊。两辆坦克都由沙袋和附加装甲进行了很好的保护，这也是这个营的标准做法。

▲ 这张少见的由船头拍摄的俯视照片中，一辆M4A2中型坦克正在驶离LST，登上硫磺岛的滩头。两边带有边线的五星说明这辆坦克属于陆战3师坦克营。坦克发动机舱上安装了一个由55加仑的油筒制成的临时用的通气管，注意这个营并没有使用其他营在战争中通常使用的附加装甲。

▲ 这是在战争结束后不久在九州岛福冈县东部的一个大型坦克存储场内拍摄的照片。照片前景是一些3式中型坦克，背景上的一些车体是新式的3式75毫米自行反坦克炮。3式75毫米自行反坦克炮是1式75毫米自行火炮的改进型，但采用了全封闭的固定战斗室，实际上已经发展成类似于突击炮一类的装甲技术兵器。

节却很少为人所知。1945年8月苏联参加对日作战，通过一次大规模的钳形攻势在两个星期内击溃了驻扎在满洲的关东军。满洲向来是日军坦克部队的主要驻扎地区，但是在1944年末，驻扎在这里的坦克部队已经被逐渐地削弱了，其精锐部队都已被调走投入日本本土防御。而剩下的陆军第3坦克师团和几个其他的独立坦克联队则都参加了1944年对中国大陆上B-29轰炸机基地的进攻，并在这一过程中逐渐支离破碎。到1945年，关东军只有新编的第1和第9坦克师团，分别驻扎在奉天和新京，另外还有几个小规模的师属坦克联队。而苏军的攻势则是一个三股的钳形攻势，由第6近卫坦克集团军翻越了一般被认为是无法通行的大兴安岭山地，远东第1、第2方面军则从哈巴罗夫斯克和符拉迪沃斯托克向南进攻。三个方向预计在鸭绿江边朝鲜半岛的根部会合。这次战

役投入了超过5000辆装甲车辆，比库尔斯克战役中投入的还要多。其中有一些是从1940年开始就驻扎在远东的老式坦克，包括BT系列坦克，但大多数是T-34和T-34-85坦克，由参加了对德作战的经验丰富的老兵驾驶。与在太平洋的岛屿上所一再发生过的情况一样，远东战役中同样没有发生多少坦克交战，因为在红军攻到由日军坦克部队驻扎的主防御地带之前，战争就结束了。

但值得一提的是，在1945年8月15日日本宣布无条件投降前，虽然太平洋、印度支那半岛、中国大陆及东北地区的日军坦克部队基本已经灰飞烟灭，但日军部署在本土的装甲力量从纸面上看却仍是相当可观的——2970辆坦克被编为2个坦克师团、6个坦克旅团以及其他一些联队、中队级的小单位。也正是这种虚幻的实力，使美国人在制订对日

▲ 1945年8月，远东战役苏联第77坦克旅的BT-7M快速坦克。在1945年还能够看到生龙活虎的BT-7M无疑是件令人吃惊的事情。

▲ 1945年8月，苏联加入了对日作战，对伪满地区的日本军队发动了一次规模宏大的坦克攻势，让日本人大开眼界。大多数参战的苏联坦克手都是参加过欧洲战役的老兵，所以战斗力强悍得可怕，照片中这个装备了新式T-34-85坦克的坦克旅在这场闪电攻势结束后，正在太平洋海滨进行休整。

▲ 虽然在战争的大多数时间里，日军坦克部队主力都在中国。但从1944年末到1945年，日军开始将许多精锐的坦克部队调回本土，准备本土决战。照片中是第34坦克联队的97式坦克。这个联队是最后留在关东军序列里防御苏军的四支坦克部队之一。坦克炮塔上标绘着联队的菊水标记。

◀ 虽然在太平洋战场上的大多数战斗中，日军坦克同美国M4"谢尔曼"坦克相比都处于下风，但在战争结束时，日本已经研制成功了几种新式中型坦克：装有一门75毫米炮的3式中型坦克就是其中之一。然而，这些坦克被保留起来，准备用于日本本土的最后决战，这使它们失去了能够展示其性能的机会。

◄ 当日军正在太平洋战场的岛屿上苦苦招架美军、澳大利亚军和新西兰军队的坦克时，另一个战场上所发生的一切却被人忽略了。昆明郊外一个中美混合空军基地附近，一名中国士兵正站在曾属于第200机械化师的一辆苏制T-26轻型坦克残骸上执行警戒任务，尽管损毁严重，但旧式的"衣架"天线还是很容易识别出来。同时车体上，国民党的青天白日车徽以及3位数的战术编码也都依稀可见。

▲ 同样是在中缅边境某处战场上，日军将这辆曾属于中国军队第200机械化师的苏制T-26轻型坦克残骸制成了一个碉堡，但在1944年11月中国军队的反攻中，这辆坦克又回到了原先的主人手中——当然，此时它已经完全不堪使用了。

▲ 1944年11月，中国云南与缅甸交界的某个小镇上，一辆中国军队的苏联1936年型T-26轻型坦克正行驶在街道上。这辆车的特别之处在于，它的战术编号标记被涂在了坦克的后部，而且还在炮管上安装了探照灯。

▼ 1945年1月，缅甸到中国南部的生命线再次被打通，经过重新武装的部分中国机械化部队开赴缅甸。图为一辆美制道奇2吨半卡车带着一门105毫米榴弹炮经过一辆在早期战斗中被摧毁的意大利CV33超轻型坦克，20世纪30年代中国从意大利购买了数量不详的CV33/35超轻型坦克，其中一些使用了10年之久。

本本土的登陆作战计划中心怀恐惧地写到，"如果'A型炸弹'（即原子弹）没有使日本投降的话，将投入至少3个装甲师和其他几十个坦克营参加登陆作战，并准备付出100万的伤亡代价……"。

　　长期以来，对太平洋战争中坦克战的忽略很可能是由这样一种片面的观点引起的——即坦克战主要是指坦克与坦克之间的战斗，而太平洋战争中这样的场景却十分罕见。不过，对日军和盟军两方面来说，无论是要攻击敌方的坚固阵地，为步兵们提供直瞄炮火支援，还是作为防御战中最重要的机动预备队，在太平洋战争中的大多数战场上对坦克的需求都是极其强烈的。所以，虽然上千辆坦克捉对撕杀的场面在太平洋那些或大或小的岛屿上从未出现过的确是个不争的事实（当然这在东线战场司空见惯），但只要正视这一点——美国人向这个战场投入了占其总数三分之一的陆军坦克营和所有的海军陆战队坦克营，而日本人更是将一半以上的装甲力量撒向了太平洋——我们就会明白，在1941年到1945年的太平洋战争中，坦克不但在几乎每场战役中都扮演了重要的角色，而且还在很大程度上起到了决定性作用。我们必须承认，这里曾经发生的是另一种形态的装甲战争。

第二部

越南战争中的装甲力量

（1954—1975）

　　据说美国人非常喜欢把自己吃饱了以后的价值观轻狂地强加于还没吃饱的人们，以此卖弄他们的优越感，并乐此不疲。结果，1964年4月的北部湾事件使美国深深陷入越南战争的泥潭无法自拔，越来越多的军事资源被投入这个无底洞，人类历史上的一段浩劫开始了。每当提到越南这个地方，大多数人的脑子里面便会闪过一片炎热潮湿的热带雨林景象，以及头戴斗笠、脚穿胶鞋的游击队员、遮天蔽日的直升机和狂放的瓦格纳音乐。当然，这个印象在很大程度上是正确的——因为很

多武器装备到了越南战场就会陷入效能降低甚至完全失效的窘境，除了北越那些吃苦耐劳的游击队员外，也只有直升机这种玩意儿才能跑得欢畅。也正因为如此，越南战争被称为一场直升机与游击队员的战争，似乎与苏德战争那种气势恢宏的装甲战争风马牛不相及。然而这种想法又是片面的，越南的地形其实包括了从沿海低地到崎岖山地的所有地形，在这样复杂的地形中，作战装备的选择、战术运用都会极大地受到所处地形的限制，游击队员的血肉之躯不是万能的，直升机同样也不是万

能的。事实上，在越南战场上的大多数场合中，从重达50吨的主战坦克到临时改装的装甲卡车，种类繁多的各种装甲车辆仍是作战双方士兵们最主要的依靠——尽管这些装甲力量从未被交战双方集中使用过，但数以千计的装甲技术兵器分布于越南战场的全境却又是个不争的事实。总之，这同时是一场非典型的亚热带装甲战争。

回望印度支那半岛和越南战争的历史，对西贡政府发出毁灭一击的并非那些游击队员，而是传统的由装甲兵、炮兵、步兵构成的合成部队发动的。越南全境恰恰也是法国、美国、越南三方的装甲力量争斗多年的地方。为了能简单明了地展示越南战争中装甲部队的作战使用情况，本书将按照法国在第一次印度支那半岛战争中的装甲作战，越南共和国军队（ARVN）的缓慢成长过程，美国装甲力量的参战以及北越装甲部队（N.V.A）反攻与南越的最终灭亡，这样一个史实顺序来为大家一一道来。但需要注意的是，本书的着眼点在于越南战争中的装甲力量这样一个全景式的问题，而不是对每一次战争和行动进行精确的描述。

第一章

第一次印度支那半岛战争

▲ 来自勒克列尔第2装甲师的M5"斯图亚特"轻型坦克，于1946年到达越南，它的车体上依然保持着欧洲战场上巨大的星形标志。

当法国本土于1940年被德国全面占领时，法属印度半岛的统治者们也陷入了两难的境地。这个名义上属于维希政权统治的印度支那半岛虽然在经济上是一个自给自足的地方，但在军事上却显然难以自保。于是，为

了避免虎视眈眈的日本人接管自己的统治权，法属印度支那殖民政府私下里希望美国政府能够出面，将撤退到英国的法军残余部队运到法属印支殖民地。但华盛顿几乎不加思索地就拒绝了这个有些异想天开的提议，结果从1940年年底开始，这块孤立的法属殖民地处于了风雨飘摇之中——虽然有大约7万名法军殖民地部队分散驻守在印度支那半岛（越南、老挝国、柬埔寨），但是他们士气低落、装备简陋。空军只有一个中队的老式战斗机，全部装甲力量加在一起还不到一个坦克团，甚至步兵部队连最基本的机枪数量也无法达到编制要求。面对如此窘境，法国维希政府别无选择，只能指示殖民地方面自己"努力"去适应与日本日益增多的军事冲突。但相对于维希法国的一厢情愿，野心勃勃的日本人却不这么想。事实上，妄图以蛇吞象的日本人此时正希望以印度支那半岛为跳板对整个东南亚进行新一轮侵略。结果，1940年9月法国印度支那殖民军和日本在越南北部爆发了首次冲

一辆法国远征军的M8自行榴弹炮正在为车队提供安全保护。

1952年努瓦尔河畔，由一个法国越南混合车组驾驶的M8自行榴弹炮正在警戒中，M8与M5"斯图亚特"坦克拥有完全相同的底盘及炮塔，区别仅仅在于防盾及火炮本身。

突，虽然不久以法国方面的妥协——同意日本在东南亚某些地方建立军事基地为代价，签订了停火协议。然而这种与虎谋皮的伎俩并没能维持多长时间，1941年1月驻泰国的日军又对柬埔寨和老挝发动进攻，尽管此战骄狂的日本人没能占到便宜，法国人还很"大度"地让被俘的泰国及日本战俘重回故里，但日本人仍以全面的武力介入为要挟，要求法国维希政府转让其在印度支那半岛的全部土地的所有权。此后双方的关系一直处于一种似敌非友但又不战不和的状态中艰难度日。

这是一辆无线电呼号为"龙"的M5A1轻型坦克正在西贡南方执行战斗巡逻任务。事实上，在法国军队中给战车起名要和本部队名称的首字母相同是一种惯例，有时甚至一个团的战车名字都是相同的。而这辆车的特别之处在于，车后部一个自行设计的行李架十分醒目。

1941年12月美国爆发太平洋战争后，日本利用印度支那半岛作为进攻亚洲同盟国领地的跳板。1942年夏天，东京获得了他们有史以来最伟大的胜利，但胜利的顶点往往也意味着衰落的开始——日本也从这一刻开始走向失败。随着战争的不断胜利，日本对法国的猜疑和要求日益增多。同盟国的空军开始对日本在印度支那半岛及其周边的空军基地和舰船进行周期性的打击。这使得日本人怀疑法国为同盟国提

供情报。最后矛盾激化的结果是双方终于大打出手，1945年3月日军对法军在印度支那半岛的军事设施发动了一系列突然袭击，以报复法国为同盟国提供情报。经过一系列让人心悸的残酷战斗后，大部分法国殖民军被日军俘获。一小部分俘虏逃跑了，但大多数被关在战俘营，在那里战俘们受到了日本人极度严酷的对待。

但与维希法国在印度支那半岛遭遇的灾难性失败相对应的是，同一时期同盟国却在

来自法国远征军宪兵第1交通队的M5"斯图亚特"坦克正在位于南定附近的哨位实施警戒。一架探照灯被安装在机枪旁，这种设计使它可以更好地进行夜间战斗。

计划着收复印度支那半岛。更重要的是，不久随着巴黎的解放，维希政权倒台，自由法国军队随即派出部分部队离开欧洲加入由蒙巴顿将军指挥的东南亚战区盟军开始对日作战。然而，由于两颗原子弹所展示出的毁灭性威力，亚洲战局比自由法国的职业军人们最乐观的估计还要早的画上了休止符。但这一情况却使英国的蒙巴顿将军多少有些措手不及——根据与戴高乐达成的协议，原法属印度支那半岛，特别是越南，必须要由自由法国军队接管。但问题在于，当时大量法国部队正在从欧洲运往亚洲的路上，戴高乐的巴黎政府暂时还没有能力进驻这块殖民地。因此，为了照顾盟友的情绪，中国和英国的军队也必须等到法军积蓄了足够的力量才能进入印度支那半岛（当时中国负责控制越南北部，英国负责南部）。但这种政治上的拖沓很快就使法国人自食恶果——利用难得的力量真空期，战争期间

一直坚持游击战争的越盟部队趁机转移到了日本投降后出现的一些有利地区。在胡志明的领导下，越盟开始渐渐控制了全国的大部分战略位置。而此时进驻越南北方的中国军队，却对掠夺资源的兴趣远大于控制这个国家，他们对越盟的所作所为完全不加理会，任其自行发展。虽然在南方的英国军队试图完全控制他们辖区，但这种意图自然与越盟发生了不可调和的矛盾，于是先是骚乱，然后真正意义上的战斗开始了。由于兵力不足，英军甚至将部分日本战俘都整编成辅助部队去参加与越盟的地盘争夺战。多少有些出人意料的是，到了1945年末越南的局势似乎进入了稳定期——因为越盟发现通过谈判获得的利益要比战争的效果更好。最终，法国与英中两国签订了协议。法军从此取代了中国和英国的军队，但协议同时也承认越盟在其北方控制区享有一定程度的自制权。

▲ 一辆法国远征军装备的M36坦克歼击车。该车属于一个成立于1952年的远征军暂编坦克营。这个营起先成立的目的是预防中国方面对战争的干涉。然而自从法国人发现中国不可能像在朝鲜那样大规模干涉后，这个营更多地被用于支援可内附近的步兵作战。

▲ 作为接收自英军的剩余作战物资，布朗机枪车（配有防御手榴弹的金属丝网筛）被最初严重缺乏装备的法国远征军大量使用。

遗憾的是，与历史上的诸多情况类似，这份脆弱的协议同样没能维持很长时间。1946年春天第一批欧洲法军主力在勒克列尔上将——二战时期自由法国最著名的装甲部队指挥官的

带领下开始驻扎海防和河内。这支被称为"法国远征军（F.E.F）"的部队，主体由大名鼎鼎的自由法国第2装甲师精锐构成，实际上是一支全美械部队——包括M3轻型坦克、M5"斯图亚特"轻型坦克、M4"谢尔曼"中型坦克、M2型半履带车、M3装甲侦察车、M8装甲侦察车、M20装甲侦察车、M7牧师自行榴弹炮和M8大猩猩半自动榴弹炮。虽然即便按照最严酷的战时标准，法国第2装甲师的实力也相当可观，但勒克列尔对此却仍然不满。所以抵达越南后，由英国盟友转让的考文垂装甲车以及亨伯装甲车，二战前旧殖民军使用的老式班哈德装甲车，甚至还有一些缴获的日军坦克都被充实到了"法国远征军"部队的战斗序列中，

▶ 一辆无线电呼号为"卡门"的法军班哈德装甲车，正在整备执行例行护航任务。英制班哈德装甲车是二战时最佳的轮式战车之一，直到1955年法军才将这个车型退役，但也有一部分被留给后来的南越军队使用。有意思的是，"卡门"这个名字在法军二战前的早期战车上被经常使用。

▶ 这辆考文垂MK1轮式装甲车装有一门英式2磅炮，它被认为来自于法国远征军第5胸甲骑兵团。注意在车体首上斜装甲板上的无线电呼号。

▲ 1951年，一辆M8灰狗装甲侦察车单独行驶在河内地区。除了在车上有该车无线电呼号外，还有一个心形的标志在炮塔上。这辆车在1949年到1950年间被用于训练。值得注意的是其探照灯位置的改变很不寻常。

▲ 1950年一辆法国工兵部队的考文垂装甲车正在执行一次位于安曼的扫雷任务。

以增强实力。而随着"法国远征军"部队实力的增强，仅由一纸协议所维系的平衡很快就被打破——法国人与越盟的战争开始了。

在最初的军事行动中，凭借压倒性的装备火力优势，沿公路呈扇形推进的法军得以从容占领越南北部的大片地区，而在中国军事顾问的指挥下越盟部队则出于保存实力的目的没有进行任何抵抗。然而由于长年的战乱，越南的公路系统一直处于高负荷使用却无任何维护的状态下，这使在很多路段实际上只有具备高越野通行性的少数战斗车辆才可以前进，大量的后勤车辆却举步维艰，法军推进的脚步很快就放慢了。恰好此时，越盟领袖胡志明十分清楚，游击队虽然日渐壮大，但还不具备对付法军的能力。因此，他决定与法国人谈判，其结果是与法方又达成了一项双方均不满意而且难以持久的协议。武元甲主张武装抵抗，他忙于在东京湾东北部大本营（越北）扩大游击武装，进行训练。而胡志明则冷静、深沉、有耐心。他非常清楚：和平，即使不稳定的和平，只要伴有停火或休战，对他来讲都至关重要。因此，他继续进行谈判。但越法双方这种奇特

的战争状态一直持续到1946年8月河内巷战的开始而告结束，此后越盟军队逐渐撤退到农村，留下了大多数的大中型城市由法军控制。但讽刺的是，这不意味着胜利女神开始向法军招手，反而在一些偏远地区让法军头疼万分的游击队员开始袭击法军的道路，毁坏桥梁，袭击单独的法军前哨。事实上，由于过度依赖机械化装备，那些毁坏的道路使越盟部队摸到了法国人行动的规律，结果这给了越盟袭击他们的最好机会。在那些状态不佳的公路上，大量的法国运输车辆受到猛烈地袭击，结果难以计数的人员和物资就这样被白白地"消耗"掉了。虽然按照二战中欧洲战场的经验，法军也曾经将相当部分的装甲战车——包括M4"谢尔曼"中型坦克——分散配属给运输车队保驾护航，但由于这些车辆离开公路后同样不能很好地适应越南的湿软地面，结果这种作法的效果并不十分明显，而且孤立活动的护航车辆对游击队来说，往往会成为更容易攻击的目标。

经历了最初的失利后，法国远征军开始去寻找能够更有效利用装甲部队的方法，并特别为增强在潮湿地带的机动性，引进了一些美

◀ 在1952年1月努瓦尔河沿岸的战斗中，一名法军中校直接指示一辆M8装甲侦察车向目标射击。该车的防弹车窗一般处于开启状态。

◀ 一辆M8装甲侦察车带领着两辆M5"斯图亚特"轻型坦克在村庄附近执行战斗巡逻任务。从整洁的车体来看，这是一次短距离行动。

◀ 一辆进行了特别改装的法军M3半履带装甲指挥车。

国的两栖战车，如M29C"黄鼬"和LVT-4"短吻鳄"。这些战车有效地提高了法国军队在沼泽地带的机动性。"黄鼬"后来被法国命名为"蟹"，这种战车被用于为军队提供应急机动装甲力量。甚至能够在敌军没有步兵用反坦克弹药的情况下独立对付小股敌军，起到中型坦克替代品的作用。至于"短吻鳄"则比起"蟹"式坦克的用途更加广泛，它不仅可以运送人员和物资，还可以提供炮火支援。为此，有一些"短吻鳄"被加装了40毫米口径博福斯双管高射炮或是无后坐力炮，以在因地形限制其他型号的装甲车无法使用时，提供各种急需的火力支援。虽然美国人在设计这种车辆时，并没想过要让它充当这种挑大梁的全能角色，但"短吻鳄"在越南战场的战斗中所表现出的强悍机动性和火力性能还是使其在法军中获得了很高的评价。

但不幸的是，相对于技术装备的改善，法军在战术方面却依然是乏善可陈。其中最令人诟病的是，法军坚持将装甲力量按战区分散配置的战术使用原则（同一地区的步坦部队却往往又严重缺乏协同）。作为很有说服力的一个例子，1950年三个满编的法军装甲排就因此被

武元甲化整为零后的部队很容易地敲掉了。当时，越盟军队试图切断法军驻海防部队的补给线，由于没有配属步兵，只有一个装甲排消极固守的法军冒溪阵地很快丢掉了，实力大大受损的海防守军只得龟缩于城镇中，但配属的装甲车辆也因此沦为了固定火力点被布置在阵地外围，结果这些"乌龟壳"不久就被越盟部队的无后坐力炮逐一击毁，幸存的装甲兵只好从瓦砾堆中爬起来，像步兵一样投入战斗……这次战斗的失利让法军意识到这里同欧洲战场其实并没有什么不同——没有步兵支援的坦克是很脆弱的，然而在1951年年底的美亚-和平公路争夺战中，傲慢的法国人还是再次重蹈覆辙。和平是法军于1951年11月从越盟手中夺得的，原来计划在此建立一个前哨基地以保护去美亚的补给线。此时，美亚由两个步兵营和一个装备了5辆M5"斯图亚特"轻型坦克的装甲排守卫，和平则驻有另外一个步兵营及一个M5"斯图亚特"装甲排。1951年12月10日越盟的攻击首先使得美亚守军精疲力尽，为了拯救这些孤立无援的士兵，法军司令部迅速命令和平守军驰援美亚。然而，驻守和平的法军军官将那个"斯图亚特"装甲排扔到公路上后便不闻不问，结果5辆孤立

▲ 一辆M3履带装甲车正在西贡的一次阅兵上担任检阅车。从车边上标志来看，该车来自法国海军陆战队。

▲ 阅兵式上，一辆M20装甲指挥车正在带领着2辆M8装甲侦察车组成机械化方阵的前导分队。这三辆领导车轮胎上画着白圈，车组乘员均戴白手套，这是钟爱壮丽演示的法国军队所特有的典型作派。

的M5"斯图亚特"轻型坦克很快被埋伏于公路两侧的越盟反坦克小组全部击毁，美亚-和平间的交通被彻底切断了！随后5个营的越盟战士迅速对美亚展开全面进攻，在战斗中美亚守军的M5"斯图亚特"轻型坦克虽然以一种可怕的速度不断喷射着炮弹。但是最后还是被手榴弹、反坦克火箭，甚至爆破筒吞没，摧毁……不过，这些法国坦克手战斗到了最后一刻，证明他们不会龟缩在战车中苟且偷生，战斗意志甚至令他们的敌人感到惊讶。

在遭遇到一连串的挫败后，法国人总算是意识到他们在越南不应该像在欧洲那样来使用装甲部队，再加上又刚刚从美国获得了火力、机动、防护都较为均衡的M24"霞飞"轻型坦克，于是一种极有针对性的整编开始了。按照新的编制计划，"法国远征军"装甲部队将按照合成度高、编制规模小、机动灵活的原则，组建以下三种类型的亚热带装甲战斗群，即装甲打击战斗群（G.B.s），由1个M24轻型坦克排及2个M3半履带车机械化步兵连构成；装甲侦察战斗群（G.E.R.s），由1个M24轻型坦克排，3个M8装甲侦察排，1个M7/8自行榴弹炮排及1个摩托化步兵连构成；装甲-运输战斗群（G.M.s），由1个M24轻型坦克排，3个装备卡车的摩托化运输连及1个M7/8自行榴弹炮排构成。后来根据战场的实际需求，又组建了两栖装甲战斗群，由1个M29C"蟹"式两栖坦克排，3个LVT-4"短吻鳄"两栖机械化步兵排构成；每个LVT-4"短吻鳄"两栖机械化步兵排均编有1辆作为火力支援车使用，装40毫米口径博福斯双管高射炮或是无后坐力的LVT（A）-4。然而这次战术整编并没给法国远征军的战斗效能带来显著的帮助。整编后的法军虽然凭借技术装备的优势扳回了一定的主动权，但对公路系统的依赖性仍然非常大，结果以徒步步兵为主的越盟依然可以任意地进攻和撤退。最

◀ 一支装备有M24轻型坦克的法国远征军装甲分队正在与配属步兵一同等待出发的命令。注意第一辆和第三辆坦克在炮塔边上的心形图案，第二辆查菲坦克炮台顶上的美式星形图案。

▲ 1951年，法国M24坦克纵队在一个小镇外休整。

▲ 于越南北部地区执行巡逻任务的法军M24轻型坦克，请注意这些士兵们制服的有趣穿着方式。

终，对传统装甲机械化战术的失望，促使法军内部产生了一个非常"创意"的念头——构建了一支由伞兵部队为基础的部队，意图用伞兵对战游击队，迫使越盟军队集结起来，这样法国军队的装备火力优势就可发挥作用。

然而，这种纸面上看似如意的算盘，实际上却是自缚手足，企图以己之短击敌之长的愚蠢之举，并最终酿成了在奠边府的大溃败。奠边府是坐落在越南最北端紧邻老挝边界的一个小镇，实际上是越盟根据地腹部的交通中枢，1953年5月，驻印度支那法军制定了以奠边府为基地，准备在18个月内歼灭越军主力，夺回战场主动权的计划。法国伞兵于1953年11月占领了这座只有12公里长、4公里宽的群山环绕小城，并很快以镇外的一条老旧飞机跑道为基地集结了数千兵力。当然，这些行事大胆敢于直

插越盟中心区域的法国伞兵并非赤手空拳，而是用飞机带了10辆拆散的M24坦克，这些坦克落地后即被迅速重新组装，编成了由三个排构成的装甲支援连。不久，四辆安装有50毫米轻型迫击炮的M16半履带装甲车也被运抵，进一步加强了防守奠边府的伞兵战斗力。不过，上述这些战斗车辆就是整个奠边府法军装甲力量的全部了，它们不但要负责日常警戒，同时也负担着在越南人进攻时提供火力支援的艰巨任务，就数量而言未免有些捉襟见肘。当然，如果越盟还像原来那样没有大炮来封锁机场跑道并摧毁法军工事的话，法国人的这种出奇制胜并不愚蠢——在过去越盟部队由于缺少火炮，在攻克法军严密设防的战略要地时往往铩羽而归，但在奠边府战役打响后，法国人却惊恐地发现这种想法不再适用。越盟从中国军队

◀ 一辆来自两栖部队的LVT（A）-4。一般来说，6辆LVT（A）-4可以构成一个火力支援排。3辆LVT（A）-4构成的分排也可以单独配属给一个由11辆普通LVT-4两栖装甲战车组成的装甲连。

那获得了一些美军的105毫米口径榴弹炮，并且通过超人的毅力将这些大炮移到山上法军观察不到的位置。重装备师的组建及其他收获是胡志明1950年4月访问北京后的间接成果。他在北京与中国达成协议，即由中国向他提供各类武器及军事教官。从此之后，中国人源源不断地从云南边境运来大批野战火炮、高射炮、轻武器以及弹药。中国只是在朝鲜战争期间才短时期中断向越盟供应军火，而这一中断有利于越南，因为朝鲜战争结束后，中国人可以向越南提供从美国人那里缴获的先进武器。中国在越南的参战情况不详，但有一支庞大的军事顾问团在越南，以确保越军正确使用中国武器。

这些越盟的105毫米炮的伪装做得十分精巧，法军一直都没有办法用己方炮火或是航空火力摧毁它们，但法军的炮兵位置却清晰地暴露在越盟炮手视野中。越盟的重型武器比法军多两倍以上。此外，他们以惊人的能力将重武器拖上陡峭的丛林小路，必要时以捆扎树梢的巧妙方式伪装武器，还用人力将火炮拖运到前沿的斜坡上。他们挖掩体把火炮隐蔽定位，使其可向法军营地的薄弱点，尤其是法军的机构实施直瞄射击。结果本意是"中心开花"的奠边府战役，变成了尴尬的自投罗网——现在法国人必须尽一切可能将包围圈里的远征军精锐解救出来了。

1954年4月10日傍晚，越盟部队全面进攻奠边府的战役打响了。此前，奠边府战役第一阶段相当顺利，越军大大压缩了法军阵地。第二阶段作战计划的指导思想则是乘热打铁，将奠边府东面的5个山头（这些山头是奠边府的东部屏障，如果站到这个屏障上，距离奠边府法军司令德卡斯特莱的核心指挥部就不过千米之遥了）作为主要作战方向，以312师、316师两个师进攻。然而，奠边府法军的防御体系也相当齐整，整个防御体系由数个据点构成。每个据点以一女子名字命名，各据点由数个（理论上）相互可以支援的支撑点构成。北边是孤立的加布里埃尔据点，由阿尔及利亚第5步兵团驻守。其东南面是比阿特丽斯据点，由外籍军团第13半旅的第3营驻守。由主要机场周围的工事构成的于盖特据点，由外籍军团第2团第1营和一支155毫米炮兵部队驻守。于盖特据点西面和北面是安妮·玛丽据点，由泰国人驻守。在安妮·玛丽据点以南是克洛迪娜据点，由外籍军团第13半旅的第1营驻守。楠云河以东是多米尼克和埃利亚娜据点，分别由阿尔及利亚第3步兵团第3营和第4摩洛哥步兵团驻守。再往南3英里便是孤立的伊莎贝尔据点。这一处境危险的据点由下列部队坚守：外籍军

▲ 一辆准备参加战斗行动的M29C"黄鼬"两栖装甲车。该车根据标准程序抬起前挡板以提高驾驶员视野。

▲ 一辆装备有40毫米机关炮的LVT-4"短吻鳄"。此时该车正在攻击对面的越盟阵地。

▲ 全副美式装备的越南步兵在一辆法越混合车组操纵的美制LVT-4水陆两栖装甲车前列队。

▲ 法国远征军装备的M4"谢尔曼"中型坦克要比轻型坦克能够更好地协同步兵作战。1952年北宁周边,炮塔上的徽章意义已无从考证。

团第3团第3营、阿尔及利亚步兵第4团第2营、一支法国人指挥的摩洛哥部队、一个105毫米炮兵连和一支坦克部队。战地司令部和野战医院位于克洛迪娜据点正北的地下掩蔽部里。步兵的坦克和炮兵等机动部队也集中在此。当时,奠边府谷地的法军兵力近五千人。虽经两个月鏖战,但兵力损失不大,法军依然士气高昂,尽管他们面临严峻局面。来自法军周围高地的敌军炮火越来越猛。即便如此,法军的后勤供给仍未间断(虽然某些物资由于空投高度过高而落入敌手)。此外,还有部分枪支和作战人员空投着陆。空降部队中包括比雅尔少校的第6殖民伞兵营,该营与首批人员一同着陆,后被派至其它地方作战。同时被压缩后的

防御圈火力密度反而增大,步坦炮各兵种间的协同也变得容易起来,特别是幸存下来的几辆M24轻型坦克作为机动火力点充份发挥了"救火队员"的效能(越盟军队在此次围攻战中伤亡人数高达2.3万人,其中死亡8000人)。

也正因如此,在奠边府法军的整个反包围作战期间,配属伞兵的M24轻型坦克被士兵们亲昵地称为"野牛"——尽管这些"野牛"也常常被越盟的反坦克火箭筒和无后坐力炮击伤,但士兵们总是能够尽可能地将这些宝贝疙瘩复原如初。即便当它们的损伤大到无法修理时,还是会被改成碉堡继续发挥效能。可惜,高负荷的战斗和敌军凶狠的火力还是逐渐使大多数的"野牛"退出了战场。到

▲ 越南士兵缴获的"斯图亚特"坦克。它在一个村庄的防御工事旁，值得注意的是大多数越盟士兵五花八门的穿着显示了这支武装的非正规性。

了1954年4月底，整个奠边府法军的情况已经极为不妙，先是失去了机场，后来连空降场也保不住了。5月1日，武元甲向越军发出总攻击命令。312师中国顾问董仁指挥刚刚从国内赶来的一个火箭炮连，向敌轰击。而316师中国军事顾问徐成功则指挥中国工兵挖出了一条直插入敌主阵地大碉堡下的地道，在那里堆满了炸药，引爆后炸毁了那个对越军威胁最大的碉堡。在中国军事顾问指挥下，越盟部队的最后攻势终于使法军丧失了斗志。当投降的决定被宣布时，一些幸存的法国坦克兵试图摧毁他们心爱的座车，以免落入越盟之手。他们的计划在越盟部队冲过来缴械前成功了一部分，但投降的命令使得后续的行动没能进行，结果至少有7辆状况不一的M24被越盟士兵缴获。此后，作战英勇的法军坦克兵

并没能受到优待，他们同其他大多数法国战俘一样或是死在囚牢里或是死在去战俘营的路上，此外还有一部分在战俘营里遭到胡志明部队的残酷虐待而死。大约2.7万名法军在奠边府的战斗中被俘，还有1万名法军也被带走。当战争结束时，3.7万名战俘中，至少1.1万人仍留在当地，超过半数的人急需药物治疗，奠边府之战只有极少数的法军幸存者。

现在看来，法军在奠边府围攻战中失败的原因很多。参战人员缺乏勇气和持续作战能力决非原因之一。深入敌占区建立孤立无援的攻防基地的方针可能是一个根本性的错误，值得进一步研究。还有许多判断错误，主要是法军总参谋部完全错误地估计了越盟部队的实力、机动能力、火力以及越盟指挥官的能力，而过高地估计了自己的炮战能力。还有

一种看法是认为如果投入足够的空军力量，尽管不一定能打赢这次战役，但法军至少能守住奠边府。以上是战役失败的大体原因。具体从战役本身来看，装甲力量的投入不足也是造成最终灾难的重要原因。事实上，根据法军参谋人员的战前估计，一支满编的由17辆M24组成的坦克连就足以冲出越盟部队的任何包围，并且多方举证这个推论具有很高的可靠性。但这场战役的结局，显然狠狠地给了这些"乐观者"一记响亮的耳光。无论如何，奠边府战役的胜利从根本上扭转了越法两军的力量对比，直接推动了正在举行的关于印度支那问题的日内瓦会议，法军在印度支那半岛的行动最终以失败而告终。

◀ 1946年1月，法国远征军第2混成机械化旅先遣队装备的M5A1"斯图亚特"轻型坦克。

▶ 1954年奠边府战役中法国远征军装备的M24"霞飞"轻型坦克。

▲ 1953年，一辆来自法国第1胸甲骑兵团的M29C"蟹"式两栖轻型装甲车。

▲ 1951年法国远征军装备的M8轮式装甲侦察车。

第二章

南越装甲部队的组建

▲ 两辆执行巡逻任务的法国远征军第2装甲师第3营M8装甲侦察车。其车长为法国军官，但其余车组人员均为越南士兵。

▲ 两名南越士兵走向法国盟军的M8自行榴弹炮。车体后部的巨大战术编号十分醒目。

　　苦于兵源短缺问题，法军在第一次印度支那半岛战争初期就企图将越南士兵融入自己的部队。但在战争进程中，法国人逐渐意识到，将越南士兵组成独立建制部队的作法或许更好一些——其士兵及基层军官均系越南人，但中高级军官则由法国人直接指派。到了1950年，法国人甚至组建了越南装甲军团，这支部队中的越南士兵从法国教官那学到了大量极有价值的战斗和战术技巧，受益匪浅，以至其中的一些骨干份子成为了后来越南共和国装甲兵的珍贵"种子"。

少量英国制造的野狗侦察车曾被南越军队用于保护基地和交通枢纽的安全。这辆野狗侦察车修复后作为西贡政府的礼物，最终被美国第4装甲骑兵团接受。值得注意的是，后面的那辆M113装甲人员输送车装备了一个不寻常的炮塔——这个炮塔显然来自一辆M8装甲侦察车。

▼ 1954年7月，南越政府军的一架M8自行榴弹炮和一辆M8装甲侦察车正在攻击越盟控制的南定地区。两车隶属于南越陆军第3侦察团。

另一方面，虽然1954年在中国的军事援助下，越南民主共和国在奠边府战役中赢得对法国国防军的决定性胜利，《日内瓦公约》的签署迫使法军从印度支那半岛撤军。根据瑞士日内瓦会议（1954年）的决议，越南暂时以北纬17度线分裂，北方的越南民主共和国由越南共产党执政，越南南方在越南末代皇帝保大皇帝的统治之下。不过，1955年军事强人吴庭艳[1]在西贡市发动政变，建立越南共和国，并重新整编军队，以与北方的共产主义政权对峙。重新整编后的越南共和国国防军被分为四个军区，每个军区各拥有一个由M5和M24轻型坦克、M3半履带车、M3和M8装甲侦察车以及M8自行榴弹炮组成的装甲团，作为主要的机动打击力量。当然，我们从这些装甲车的型号上也不难猜出，它们中的大多数是法国远征军留下的剩余物资，但其中相当一部车辆的状况却十分糟糕。而除了法国人留下的这堆破旧车辆外，更重要的是越南共和国的装甲部队还继承了法国人的机械化部队战术——大部分装甲作战车辆被分散配置，用于保卫地方或是道路安全。当然，由于缺乏良好的训练及足够的车辆保养能力，越南共和国国防军装甲部队比之前的法国军队更少在

---

[1] 吴庭艳，1901年1月出生在南越顺化一个贵族家庭，一名虔诚的天主教徒。他的父亲吴廷国，是一代文人，曾任安南朝廷的礼仪和宫监大臣，后来成为首相。1921年，吴庭艳从法国行政学院毕业后，即进入越南殖民政府工作。一度飞黄腾达，1929年—1933年任首长，1933年5月，任保大王朝宫廷内阁部长，后辞职隐居。吴庭艳是作为一名民族主义者而闻名的，既反抗法国人，也反对越盟，做过二十多年的高级公职人员。法国人在日本投降后重新占领越南后，他自动选择了流亡国外的生活。他起初定居比利时，后来则定居美国。吴庭艳同胡志明一样，终身未婚，在国外流亡的岁月里，他也思索着权力的方式问题。他在布鲁日的一个修道院里渡过了一段时间，在修道院的孤独之中他曾思考过一种被称之为"个人主义"的哲学。现在他开始实行个人主义的统治了。

▲ 西贡阅兵式上采用新式丛林迷彩涂装的南越装甲部队M24轻型坦克纵队。

野外执行任务。但好在此时与北越的关系还没搞得太僵，所以越南共和国国防军装甲部队并不尽如人意的状况还能勉强应付。

表面上看起来，分裂的越南似乎将成为常态，就像分裂的朝鲜半岛一样。不过，在当时的国际大背景下，这种类似朝鲜半岛的僵持局面不可能维持太久。事实上在法国人撤出后，美国总统艾森豪威尔就开始将东南亚看成冷战中潜在的关键战场，美国政府害怕预定进行的民主选举将使社会主义彻底影响整个越南，因此南方的越南共和国得到了美国的大力支持（美国人认为吴庭艳在越南共和国实行的是自由、民主、法治的资产阶级开明执政），并竭力阻止南越签署协定中的选举条款[1]。但同时，美国人心里也非常清楚，这最终将迫使北方的越南民主共和国走上以武力而不是"合法"选举的方式来统一全国。1956年春天，随着法国驻越南军队的撤出和印度支那法兰西联邦部队总司令部的解散，美

国对印支问题的干涉更加赤裸裸了。在1956年5月，美国军事顾问开始对越南共和国国防军进行重新武装，而其中的重点之一便是装甲部队的整编。客观地说，美国军事顾问的努力是卓有成效的，装甲部队很快就成为了越南共和国国防军中的标杆——这是因为其整编是从军械库管理、修理、通信以及其他越南共和国国防军所不曾注意的细节之处着手的。当然，还是有一些美军顾问对所取得的进步并不满意，他们注意到很多越南装甲兵军官并不真正理解其所效忠的政府政治理念究竟如何，而且显然更有一些人对自己个人利益的关心远远超过了对自己部队是否有战斗力的关注。大多数经历过二战或是朝鲜战争历练的美军顾问心里很清楚，这样的部队打起仗来，很难说会有什么凝聚力可言，在战斗受挫的情况下更是如此。

而就在南越整军备武的时候（当然是在美国的大力支持下），越南民主共和国实现了

---

[1] 越南民主共和国实现了大规模的土地改革，将土地分发给农民。正因如此，美国总统艾森豪威尔才在其备忘录中写道，如果越南全国举行选举，社会主义将会获胜。美国认识到胡志明将成为选举的既定获胜者，并且很可能将使东南亚的一系列小国如同多米诺骨牌般接二连三地倒掉。

▲ 南越装甲部队装备的M113装甲人员输送车。

大规模的土地改革，将土地分发给农民，这自然引起了南方越南共和国的恐慌。有人认为，正是因为这个原因，美国总统艾森豪威尔才在其备忘录中写道，如果越南全国举行选举，社会主义将会获胜（不过另外一个解释是，越南民主共和国不可能允许自由、民主选举在越南民主共和国举行）。最后，美国和两个越南都没有签署协定中的选举条款。但这样一来，也就直接将整个越南推到了内战的边缘。于是从1957年年初开始，南越吴庭艳政府明里暗里地展开了控制全越南的政治军事行动，而一些在南方生活的越盟人士也针锋相对地开始组织游击队员来对抗南方政府这

▲ 一辆南越军队装备的由M3半履带车改装而来的起重车。

种违反《日内瓦公约》的行为。结果，南越国防军蚕食北越边境，北越政府指使南方越盟游击队袭击南越军车和哨所的事情在不断上演，情况在不断恶化。

　　1959年越南共产党中央委员会决定武装推翻越南共和国，并派遣大量军事人员前往越南共和国组织武装颠覆。1960年越南反政府武装——越南南方民族解放阵线成立，它由支持推翻越南共和国政府的各民族主义组织组成，实际上由越南共产党中央委员会控制。同年中苏关系破裂，中国和苏联都需要在国际共产主义运动中树立自己的形象，因而都积极支持越南民主共和国对越南共和国进攻。到了1961年，由于两个超级大国的博弈，局势的动荡进一步加剧了。1961年6月美国总统肯尼迪和苏联国家主席尼基塔·谢尔盖耶维奇·赫鲁晓夫在奥地利首都维也纳会面。苏联国家主席赫鲁晓夫打算肆意欺凌这位年轻的美国总统，试图通过恫吓的方式使他在某些关键争端上向苏联让步。特别是德国首都柏林，那里大量的技术工人都已逃到西方资本主义国家。苏联国家主席赫鲁晓夫的恫吓行动步步升级，8月德国

柏林墙在一夜间修成，西柏林被东德封锁，9月苏联非法恢复核试验。严峻的形势使美国总统肯尼迪认为："如果美国从亚洲撤退，就可能打乱全世界的局势（施莱辛格语）。"这时候印度支那半岛的战争是当时冷战中唯一的实战。美国总统肯尼迪和他的顾问很快决定，要在越南问题上显示出美国的力量和对抗社会主义阵营的决心。同时认为，战争最好遵循朝鲜半岛模式，只局限在通过代理国使用常规武器，作为减轻美国和苏联直接核战争威胁的一种方式。

其实，1954年7月达成的《日内瓦协定》规定，沿纬度17度线划一条临时军事分界线，正式把越南分为两部分，越南人民军和法军分别在此南北地区集结实行停火；法国承认越南的独立，法国撤出印度支那地区；越南全国在1956年7月举行全国自由选举等。同时，在协定中还规定了不准外国在印度支那建立军事基地。虽然当时美国也参加了日内瓦会议，但它拒绝在协定上签字。后来怕遭到世界舆论的谴责，美国代表被迫发表了一项声明，说美国不使用武力威胁来妨碍日内瓦协定的实施。什么叫"不使用武力"威胁？从这

▲ 南越装甲部队最怪异的装备之一——维克姆斯铁路装甲车。虽然维克姆斯铁路装甲车拥有自主动力，但在实战中很快就被证明是一种并不实用的样子货。

项声明中就可以看出美国很想插手印度支那问题，美国为自己今后进行武装干涉留下了余地。1961年5月，美国派遣100名"特种部队"（代号为"绿色贝雷帽"）的官兵进入南越，准备进行美国出枪、出顾问，由南越伪军打头阵的"特殊战争"。从此，美国掉进了越南战争的泥潭，不能自拔。开始了历时14年的侵略战争。

正因为如此，面对双方边界处农村地区已经是战火遍地的现实，美国军事顾问很快意识到需要加快对南越援助的步伐，要求美国政府提供更多的人员和武器装备支援越南共和国军队（此时，越南南方民族解放阵线已经控制了越南共和国的大部分农村）。于是，源源不断的美械装备开始启运越南，从军靴、口粮到步枪、直升机、坦克都包括在内。到了1962年春季，作为全面美械化的一个标志，越南共和国国防军装甲部队开始换装新型的M113装甲人员输送车（APC），由于这种美制战斗车辆重量轻，通行性比越南的大多数苏制或是中制装甲车都要好，越共（VC）军队一开始没有准备，被打了个措手不及，结果在湄公河三角洲地区的战斗中遭受了严重的损失。不过，虽然这些装甲人员输送车被当成轻型坦克的替代品取得了重大的成功，但仍然有一些难以忽略的缺点。比如，其12.7毫米口径机枪的机枪手没有任何装甲防护措施，而且尽管M113装甲人员输送车通行能力较强，对越南亚热带战场的适应能力还算是出色，但这种原本为欧洲设计的战车仍然经常陷入泥沼或是无法爬上光滑的稻田田埂。更糟糕的是，随着战斗中磨损情况的渐渐加剧，南越政府军装甲部队的M113完好率开始

南越装甲部队曾经对铝制装甲车体的M113和钢制车体的M114装甲人员输送车进行过大量对比测试，最终因为M113的机动性更胜一筹导致M114被放弃

大幅下降，而经长时间的摸索，越共军队也开始有能力有办法来对付这种武器。他们常常选择M113装甲人员输送车行动不便的地形设伏，运用反坦克火箭弹或是地雷将之击毁。结果，南越部队的伤亡人数开始急剧地攀升，特别是1963年年底在西贡最南端的反游击作战中，大量的越共军队先是被装备着20辆M113装甲人员输送车的南越军队打得抬不起头来，然而随后越共游击队组织特等射手接连射杀了14名毫无遮蔽的M113机枪手，一举扭转了战局。最终失去了装甲车火力支援的南越军队很快变得混乱不堪，这使得越共武装在给对手及其美军顾问造成巨大伤亡后，能够十分从容淡定地撤退。

西贡南郊的这场惨败对南越装甲部队的震动很大。鉴于装甲兵们的糟糕表现，一时间M113成为了口诛笔伐的对象，一致认为车上的机枪手需要得到更好的保护。于是，这场战斗的结果促进了M113的实用化战场改进——先是一个带有防盾的简易炮塔很快就被装到了南越军队的M113上，然后南越军队的

美军顾问又在考虑是否拥有全钢车体的M114要比铝制的M113更适合这场战争。当然，战争的规则从来就是"魔高一尺道高一丈"。南越军队的新动作很快就被北越方面知晓，结果为了抗衡南越的新装备，北越方面不但扩充了自己的坦克部队①，而且向南越越共游击队输送了更多的来自苏联和中国的反坦克武器。当然，北越坦克部队扩充自然又引起了南越方面的连锁反应——先是将老式的M24"霞飞"轻型坦克逐步淘汰，然后由美国运来的更新型M41"斗犬"轻型坦克②填补其留下的空白。但在企图引进M114替代M113的问题上却没能如愿——虽然M114的防护性能优于M113，但这是以战斗全重的增加为代价的。美军顾问们发现，运到越南的M114样车与M113的对比测试表明，前者的野外机动性能不佳，进入和退出田埂都很困难，而且需要经验丰富的驾驶员才能驾驭这个家伙，其比M113更不适合越南湿软的亚热带战场环境。最终，不但南越装甲部队用M114代替M113的想法破产，甚至还影响到了美军自身——

① 早在1959年10月5日，越南人民军从苏联引进了一批苏制T-34-85中型坦克，并以此组建了第一支坦克部队——第202坦克团。至1964年，第202坦克团又补充了较为先进的T-54中型坦克和PT-76型水陆坦克，成为了越南人民军中王牌。
② M41"斗犬"轻型坦克实际上是剔除M24"霞飞"设计瑕疵后的改进型，两者在作战性能上并没有太本质的差异。

M114在美军中只经历了短暂的服役期便退出了现役。但M113在南越军队中的装备规模还是在不断地扩大。

不过，随着力量的不断增长，南越军队特别是其精锐的装甲部队军官们开始插手政治。作为这种倾向的一个标志性事件，便是越南共和国的缔造者吴庭艳本人的被废黜和杀害。作为一个代理人，吴庭艳和美国上层人物早有瓜葛。他在美国的保护人中有最高法院的比尔·道格拉斯和参议院的迈克·曼斯菲尔德，后来成为总统的肯尼迪与之过从甚密，更是他最大的支持者之一。然而，这一切未能挽救他的生命。

1963年，美国除了3000名军事人员充当吴庭艳军队的"顾问"以外，在南越大约有1.2万名美国军人和13名将官。其中包括陆军4500人，主要是特种部队和突击队，海军和海军陆战队1500人，空军6000人。另外，还有1200名美军传教士和中国军队的残余部队。美伪联合的"扫荡"行动主要有两种，一是以消灭人民武装的部队和机关为目的的扫荡，兵力较集中，持续时间较短；另一种是以配合建立"战略村"为目的而进行的"清剿"扫荡，兵力较分散，持续时间较长。美伪军在强化"军事围剿"的同时，加紧推行农村"绥靖"政策，大力建立"战略村"和无人地带。美伪搞的所谓"战略村"，就是以自然村为单位，把居民用工事围起来，实行严密的控制，以断绝他们和人民武装的联系，进而把各村联成一片，形成封锁地带，分割解放区，把"无战线"的战争变成为有战线的战争。南越报上描述的"战略村"是：四周有好几道围障，包括用竹子和木头制成的尖桩，地上埋上地雷，只留下由哨兵守卫的出入口，四周还有壕沟和土墙，每隔一段就有地堡和瞭望塔。到1962年底，已建立了4077个"战略村"。南越人民武装根据南越的斗争形势，采取全民、全面、长期的游击战争，"小打稳吃"、"打有实无名的仗"，不打有名无实的仗，积小胜为大胜，逐渐改变力量对比，为向游击运动战发展直至最后消灭敌人创造条件。1963年，南越人民武装在阿巴村成功地伏击了美直升飞机，并大量歼灭伪军，这不仅使美国政府大为震惊，也激化了美吴之间的矛盾。到1963年3月，美军人员死亡达到

▲ 南越装甲部队试验性装备的M114装甲人员输送车。这辆M114正在穿越一个村庄，从直观的角度来看，M114显然拥有更好的人员防护措施，火力也更强一些。

87人。更为严重的是1963年5月8日，在顺化有近万名佛教徒上街游行，抗议政府禁止他们上街游行示威和不准他们在佛祖诞生日悬挂佛教旗帜的命令。军队向示威群众开枪，当场打死9人。抗议示威游行波及大学，后来中学也卷入了。吴庭艳政权大肆逮捕政府雇员、军官和企业家等有关人员。这一行动激起了人们对傀儡政权的抗议。

美国朝野对吴庭艳的行为深感震惊，肯尼迪总统对吴庭艳总统失望了。美国驻南越的诺尔汀大使很快从公共广播中听到了撤换他大使职务的决定，因为他已被认为与吴庭艳的关系过于紧密。而南越的将军们则更明白，倘若吴庭艳继续实行独裁统治，丧失民心，美国政府无疑会削减对南越的援助，肯尼迪总统对吴庭艳政权所持含混不清、左右摇晃的政策表明了这一点。失去了美援，吴庭艳完了，南越也完了。于是将军们决定行动，装甲部队的基层军官们在整个事件中扮演了重要角色。当然，这并不是毫无缘由的。长期以来，南越政府军的装甲部队主力实际上是被作为卫戍部队部署在首都西贡周边，以便随时根据战况的需要驰援四方。然而，南越政府军面对越南南方民族解放阵线的节节败退，使得处于"救火队"位置的装甲部队疲于奔命，并且惨遭伤亡，严重影响了基层官兵的士气。很多装甲兵军官们为此曾向上级表达过自己的看法，然而这些热情的建议甚少得到回应。再加上同南越政府军其他兵种中普遍存在的情况一样，装甲部队中的腐败同样司空见惯，特别是军官们的晋升往往更倚仗于政治途径而非军功（事实上，此时的南越装甲部队已经几近成为除非"意外"否则绝无价值的乌合之众），这不但

▲ 在1963年11月的军事政变中，当时的南越总统吴庭艳就是在这辆M113装甲人员输送车中被打死。

深深挫伤了部队的锐气，最后更是转化成了一股对吴庭艳本人的冲天怨气。

1963年9月2日，肯尼迪在接受哥伦比亚广播公司著名评论员瓦尔特·克朗凯特的采访时说，美国将继续对南越予以支持，但他补充道："我认为，除非有人民的支持，否则这战争决不会打赢。在我看来，在前两个月中，政府已经与人民失去了联系"。美国政府对吴庭艳失去耐心和信心已昭然若揭，南越的将军们深感鼓舞。箭在弦上不得不发，南越的将军们在1963年11月1日下午1点30分按预定计划发动了旨在推翻吴庭艳总统的军事政变，原本是禁卫军的装甲部队成为了政变部队的主力。3个小时以内，除总统府外，所有的抵抗都被击溃。下午4点，在吴庭艳两次拒绝投降后，兵变部队开始炮击总统府。吴庭艳此刻拨通了洛奇的电话，他想知道美国人对他窗外发生的事件持什么态度。洛奇的回答使他大为失望，"我没有接到指示，这时是华盛顿的早晨4点钟，我无法与华盛顿取得联系。"吴庭艳问道："你总应该知道你们的政策是什么吧。"洛奇回答说："我并不知道我们在每一种情况下的政策，再说，我很担心你的安全。我已作好安排把你带出这个国家以

保证你的安全。如果你不想这样，我还做好另一种安排，可以使你成为名誉上的首脑，你可以在这里保留一个名誉地位，这样相对来说也很安全。"吴庭艳说："我不想那样做，我想恢复秩序，我现在就回去恢复秩序。"在晚间还没有过去之前，吴庭艳总统和他的兄弟吴庭如从暗道逃出了被围困的总统府。第二天的下午，他们在城里中国人居住的地区堤岸被兵变部队逮捕，随即在隆隆驶过西贡街道的装甲人员运输车上遭到枪杀。而在吴庭艳死后，南越装甲部队纪律严明地执行了在首都戒严维持秩序的巡逻任务，从而使这场美国人默许下的军事政变圆满成功。美国人选择吴庭艳后又抛弃他，这样的结局对吴庭艳个人来说也许是不公正的，但美国人选择吴庭艳目的在于通过他控制南越，把南越当作反对民族独立的铁板，吴庭艳独裁的野心和美国人世界警察的野心不谋而合，互相利用，只能导致如此的结局。白宫导演的血腥政变结束了，但吴庭艳兄弟之死，并没有给西贡政权带来新的气象，相反，西贡的政局变得更加动荡不安，越南问题仍像恶魔一样缠着美国人的心魂。

▲ 1963年11月中旬推翻吴庭艳的军事政变发生后，在西贡街头维持秩序的南越装甲部队M113装甲人员输送车。

1963年11月22日，约翰·F.肯尼迪总统遇刺身亡。副总统林登·贝恩斯·约翰逊匆忙宣誓就任美国的第36届总统。越南并不是约翰逊施政计划的一部分，但却最终成了他的首要问题：成了实现他的梦想之前必须消除的恶梦。于是，几乎从约翰逊宣誓就职的那一刻起，越南就像瘟疫一样笼罩着他。他发现越南问题不再是以前自己脑子里想象的一个抽象问题，自己不得不权衡在军事上卷入的利弊。像肯尼迪一样，约翰逊也不断描绘出共产主义阵营咄咄逼人向前推进的形势，同时将越南作为自由世界表达其对抗决心的手段。但约翰逊前几年曾激烈反对美国直接卷入战争，只是建议第三国去予以遏制。可是现在他的位置不同了，在国防部长麦克纳马拉及国务卿腊斯克的坚决要求之下，就职48小时之后，约翰逊总统宣布，美国对西贡军政府——推翻吴庭艳之后建立起来的统治集团继续实行军事援助。约翰逊的决策时代以及决策方式从此开始了。而在西贡军事政变以后，越南南方民族解放阵线发表声明，重申南越人民在解放越南南方，实现民族独立、自由、民主、和平、中立，改善人民生活的斗争中，永远不放下武器和改变斗争的目标。而北越方面更是决定对混乱中的南越政府展开最后一击，为此他们一度抛弃了游击队战术，转而进行多兵种配合作战攻击政府军的军队和阵地。军心不稳的南越政府军在越共武装的全面攻势中纷纷溃不成军，而在政变中出了大力的装甲部队却依然执行着救火队的任务，并在一个又一个"火场"中变得焦头烂额。

这种情况一直持续到1964年。1964年1月，南越政府军第1军军长阮庆发动了南越第

▲ 这辆严重战损的南越M24坦克被认为没有修复价值后，被改造成了一个营地周边的固定火力点。

二次政变，并自封为"革命军事委员会"。于是，美国国防部长麦克纳马拉于3月8日飞往南越，与阮庆拟定了一项所谓"重点清剿"的"麦克纳马拉—阮庆计划"。在这项计划中，要求在强化军事"清剿"的同时，适时收缩据点，大力建立"战略村"和无人地带。早在1964年2月，阮庆在接受新闻采访时就曾狂妄地提出，如果有美国的全力支持，南方应该入侵北方。他的讲话在华盛顿竟然没有遭到驳斥。然而，在以后的几周内，南越的共产党游击队扩大了攻势，更接近西贡，并开始袭击美国设施和人员。3月中旬，从越南返回的麦克纳马拉称，南越处于彻底崩溃的边缘。在3月17日的国家安全委员会上，麦克纳马拉建议

肯尼迪的分期撤军计划应彻底放弃；南越应开始进行总动员，新的军队接受最现代化的美式装备；必须增加对北方的秘密行动。最后，麦克纳马拉建议制定出战争推向北方的具体计划，所有这些建议得到了支持。为了保护美国利益，美国总统约翰逊命令美军前往岘港。很快少量美军作战部队开始在乡村展开部署，到1965年后美军的基地已经遍布越南全境。同时更多的南越装甲部队被运到战场前沿以对抗日益增多的敌军，而北越军队则被轮换性地运到南方前线以对抗美军的攻势。一场全新的升级版战争再次开始，越南战场上的装甲战车履带也将随着全新的历史画卷缓缓展开。

第三章

美国海军陆战队装甲分队
在越南的初期战斗

▲ 一辆美国海军陆战队的M67喷火坦克正在岘港周边进行安全巡逻。不同寻常的装备是在该车在机枪塔上还加装了一挺机枪。

"在那个舞台上似乎只有输入美国战斗部队，才能断然阻止四分五裂和腐败的继续，并使之进步。"越南问题引起全球的关注。法国总统戴高乐强烈呼吁像解决老挝问题一样，在越南也应寻求中立主义的解决方案。柬埔寨国王西哈努克也声明，如果柬埔寨的中立态度受到尊敬，他将继续接受美国的军事援助和经济援助，以保障这一地区的稳定。但对此美国

国防部长麦克纳马拉公开作出反应说："南越的情况不同，它的形势是严峻的，因为它关系自由世界的平衡。南越对东南亚的安全以及对自由世界的安全是如此重要，除了尽我们所能地采取一切必要的措施以阻止共产党的胜利外，我认为没有其它选择。"

1964年初，南越陆军有19.2万人，组成9个师、1个空降旅和4个别动营。还有1个海军

陆战队独立旅。它和空降旅一起，是总参谋部直接掌握的总预备队，而每个别动营则分别作为1个军的预备队。南越空军有190架飞机和248架直升飞机。南越海军有少数登陆艇、巡逻艇和扫雷艇。另外还有地方武装18.1万人，包括自卫团和民防团两个部分。美国驻越司令部最初向南越省和团以上单位提供顾问，其任务不仅包括战斗行动，而且包括军队的其它工作，如编制预算、训练、学校、后勤等等。到这个时候即1964年初起，美军顾问已派到县和营级单位，除了咨询、训练、装备和发展当地的民防部队外，还以直升机提供直接战斗支援。

此外，五角大楼还制订出了两个阶段的轰炸计划。在第一个阶段，美国空军将连续72小时处于戒备状态，随时对北越军事设施以及老挝和柬埔寨边境内的游击营发起"报复性的"攻击。在第二阶段，戒备状态为30天，美国将开始进行一项"逐步公开化的军事压力计划"——或者说对北方的深度轰炸。约翰逊总统毫不迟疑地授权轰炸战略进入计划阶段。五角大楼的首脑人员对此深受鼓舞，他们不仅认为轰炸北越是必要的，而且应该更早些时候就采取这一行动。于是，事态不可避免地继续朝着全面战争的边缘发展，以北部湾事件为引子，美国对北越领土的直接空中打击开始了。但北越方面的回击显然更加出乎美国人的意料。1965年春，北越的325师

◀ 在一次前往东河的行动中，海军陆战队员们搭上了一辆M48坦克的便车。

◀ 海军陆战队员正在清理一辆M48坦克上的树枝和藤条。有时敌军会利用藤条拴上爆炸物杀伤车组人员和通过的部队。这些密集生长的植物极大地限制了部队的行动。

的两个团（第32、第101团）到达南越。5月至6月间，美国军方又发现人民军305师一部出现于老挝境内的胡志明小道。到1965年底，在南方已有约10个团的人民军。北越军队的进入和解放武装力量的进一步壮大，使得当时在南方的革命武装已达到近十四万人。同时越南军民对付美国空袭的一个办法，就是去袭击美军的空军基地和机场，把美国飞机大批报销在机窝里。例如，自1963年9月至1965年5月，南越人民武装先后对美军机场进行了9次大袭击。最大的有这么几次：1963年9月9日的朔庄大捷，击毁美直升机五十余架，消灭敌人一百余名；1964年10月31日的边和大捷，炸毁炸伤美机59架；1965年2月7日的波来古大捷，击毁美机42架。仅从1965年6月至1966年4月的10个月中，人民武装又对边和、朱星、富利等8个机场进行了袭击，共击毁敌机806架。美国持续轰炸北越的目的，是想迫使北越让步，停止对南越人民武装的援助，以此来扭转在南越的局势。然而事态的发展并不像美国所期望的那样，北越不仅没有屈服，反而全民皆兵，准备与美国抗战到底。对此，美国政府感到极度不安。参谋长联席会议首先建议派海军陆战队去岘港，作为对特别安全问题的一次性反应。正如五角大楼所表明的，需要

▲ 海军陆战队的M50"奥图斯"火力支援车在一次搜索行动中负责提供支援，车上所搭载的额外食物和水是提供给步兵的。

部队"去阻止对空中打击的公开报复"。换言之，有必要用少量的精锐部队去支持空中行动，以避免动用地面部队。

参谋长联席会议首先建议派海军陆战队去岘港，作为对特别安全问题的一次性反应。美国驻越南大使泰勒也"同意"海军陆战队登陆。泰勒把威斯特莫兰说成是一位"密友"，并说："威斯特莫兰和我都经常检查我们的想法"。这两位将军都是朝鲜战场的老兵，都是西点军校的负责人。泰勒说："当威斯特莫兰获得了岘港地区南越军队的腐败和不断增加的北越渗透威胁的证据时，我终于肯定了岘港处于危险中。"泰勒提出派一营部队，威斯特莫兰提出派两营。不过，美国海军陆战队第一次派到越南的装甲部队数量，只有少到令人惊讶的第3海军陆战队远征部队的第3装甲营两个连——这甚至还不到陆军一个装甲骑兵营兵力的一半。这支小规模的装甲部队携带着他们的主要装备——重达50吨的M48A3型主战坦克，于1965年3月从岘港登陆。然而尴尬的是，当时美驻越南军援司令部（MACV）并没有如何使用美国装甲力量在这个国家使用装甲部队进行军事行动的计划，甚至于对自己已经上岸的海军陆战队装备了些什么型号的坦克也是一无所知。结果，当海军陆战队两周后首次被要求进攻内陆中的越共游击队时，他们的"巴顿"坦克很快就陷入了雨季的烂泥中……"这些海军陆战队没有更好的办法"——当这个消息被美军高层知道后，他们开始担心这些一惯自负的海军陆战队员会因粗心大意而失败，于是严令禁止海军陆战队装甲营执行除警戒巡逻之外的其他任务，特别是深入雨林的纵深出击。就这样，

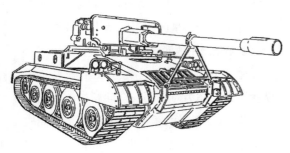

▲ M56自行反坦克炮。"奥图斯"火力支援车的底盘就取自于M56。

▲ 173空降团的M56自行反坦克炮正在开火。

▲ 在"奇奴克风2"行动中美国海军陆战队使用过的一种罕见装备——M76"水獭"水陆两栖小型装甲人员输送车。该车底盘同样取自M56自行反坦克炮。

当来到越南的第一个月即将结束时，海军陆战队这点少得可怜的装甲力量基本上无所作为，直到后续第1装甲营的到来情况才有所改观。但是直到1969年退兵，除了这两个装甲营外，美国海军陆战队再也没有派出新的装甲部队到越南。

1965年年中，越南土地上的美国海军陆战队装甲力量大至由4种不同型号不同用途的装甲战车构成：M48A3坦克——这是一种由柴油发动机驱动的大吨位主战坦克，主要武器为一门90毫米口径炮和两挺12.7毫米机枪；M67喷火坦克——实际上是M48A3的衍生型，以火焰喷射器取代了前者的90毫米主炮；M50"奥图斯（Ontos）"火力支援车——利用M56自行反坦克炮底盘，在其炮座上加装6门106毫米口径无后坐力炮[1]，以及一挺12.7毫米M2或是7.62毫米M60测距机枪而成的产物，虽然原始设计意图是将其作为一种火力增强版的自行反坦克武器，用来在中欧平原与苏联坦克肉搏，但面对越南战场的实际情况，海军陆战队认为该车如果作为一种近距火力支援武器将能够更好地适应越南热带雨林密布的特殊环境；LVTP-5水陆两栖装甲车——美国海军陆战队当时的"看家"装备，除了承担人员及物资输送的基本型号外，LVTR两栖装甲抢修车、LVTE1两栖工兵战斗车、105毫米LVRH两栖火力支援车等衍生型号也被海军陆战队一同带到了越南。到1965年末美国海军陆战

---

[1] 1945年，美国将75毫米无坐力炮按比例放大成为105毫米无坐力炮，生产这种样炮的目的是打算将其作为一种制式营属火炮。但在朝鲜战争爆发之前，这项计划一直都是停留在纸面上，朝鲜战争爆发以后，才匆匆忙忙开始组装，直到战争末期才付诸战场使用。由于下述种种原因，它是一种难中人意的设计：首先，它的耳轴过于靠后，因而需要设置弹簧式平衡机；其次，全炮重量太大；第三，炮上没有安装试射枪。于是，不久就又出现了一种口径完全相同的改进型号，这种型号并没有被命名为M2型，也没有给它以类似的名称，为了避免与其原型发生混淆——因为两者的口径完全相同，索性决定在叫法上给它换个口径，于是，著名的所谓"106毫米无坐力炮"即应运而生。

◀ 105毫米LVRH两栖火力支援车正在涉水运送海军陆战队员们渡河去消灭岘港南部的越共游击队。

队在越的两个装甲营共拥有65辆M-48、12辆M-67、65辆"奥图斯"火力支援车、157辆LVPT-5及大量的LVPT改装版。相对于越共武装的实力而言,这是一支规模相当庞大的部队,同时,由于美军仍然没有开始部署任何陆军的机械化部队,所以这也是美国武装力量在在越南唯一的建制装甲部队。

当然,像陆军装甲部队的构成一样,除了上述四种主要的装甲作战车辆,美国海军陆战队队员们还向越南运去了大量其他类型的辅助装甲车辆以及不可或缺的自行火炮。比如M53和155毫米M109自行火炮就被海军陆战队员们广泛用于战场上的重型火力支援,通常以排为单位分散在海军陆战队战术责任区(TAOR)中充当机动重火力点。实战证明,虽然M53与M109的装甲仅能防御炮弹破片或是轻武器,但毕竟拥有封闭式的炮塔,再加上通常处于远离交火线的后方阵地,所以对于越南战场的适应性比较好。事实上,海军陆战队员们认为M53和M109唯一存在的问题在于射程——很多时候由于射程不足,当需要射击30千米外的越共目标时,他们的炮车必须转移到更靠前的射击阵地,但在这一过程中常常遭遇小股越共游击队而蒙受损失。为此,

海军陆战队员们又从国内将拥有超长射程的175毫米M107自行加农炮运到了越南。在不久后的溪山战役中,这些M107不负重望地显示出了存在的价值,当时作为空中火力的补充,共有11门海军陆战队的M107负责从庆尚为全军提供远程火炮支援,有效地弥补了空中火力的不足。而此后海军陆战队的M107还在老挝的战斗中提供过压制火力,同样取得了很好的效果。

值得一提的是,海军陆战队装备的LVTR

▲ 海军陆战队员正用155毫米M53自行榴弹炮轰击敌方阵地。

▲ 175毫米M107自行加农炮是海军陆战队员们威力最大的武器之一。

▲ 美国海军陆战队在岘港最南端的一个无可替代的火力点，一辆175毫米M107自行加农炮正在轰击越共部队。

▲ 一辆被称为"暗杀者"的海军陆战队155毫米M109自行榴弹炮。

解救了许多战损车辆，堪称陆战队装甲兵的力量倍增器。事实上，极少有坦克真正被敌军完全摧毁在战场上，虽然五花八门的手持式反坦克武器和地雷使很多陆战队坦克失去了行动能力，也有很多坦克因机械原因或是干脆陷入泥潭或是卡在田埂上，但这也使LVTR有了广泛的施展空间。如果没有这些

其貌不扬的移动修理厂，将会有大量原本可以再利用的海军陆战队坦克在田野中变为废铁。同时，海军陆战队员们在来到越南后，其装甲部队也在一定程度上"当地化"了，甚至于开始利用改装后的简易装甲卡车执行护卫任务（自从越共部队开始特别注意伏击有价值的目标后，保护物资安全成了一个很头疼的问题）。事实上，这并非是一种个别行为。为了补充数量不足的M48和M50承担护送任务，大量装有轻型自动武器的装甲卡车被陆战队员们充实到了护送物资的车队中。当然，尽管这些装甲卡车在反伏击作战中极有帮助，但海军陆战队十分清楚这些车辆的真实用途，所以从不将它们有意投入高强度的战斗中。另一方面，海军陆战队也在越南测试了大量的五花八门的其他型号装甲车辆。但在越南残酷的实战环境下，它们中的大部分没有达到陆战队的标准，所以很快就从海军陆战队在越部队的目录中淘汰掉了。

然而，尽管拥有了两个装甲营以及更多的特种装备，但海军陆战队对装甲力量使用的中心思想却依然趋向保守——其中心只有一点，那就是协同步兵作战。虽然有时海军陆军队的装甲车辆也会扮演护送的角色或维护基地安

▲ 这是一排隶属于海军陆战队第11装甲运输营的M116两栖运输车。但作为试验车型M116从没有大规模装备。

▲ 这是一辆M733运输车，也来自第11装甲运输营，装备有一挺12.7毫米机枪，一门60毫米口径迫炮和40毫米口径自动榴弹发射器。

岘港周边执行搜索任务的美国海军陆战队M67喷火坦克。

海军陆战队员在岘港与越共游击队作战时一般都能够得到LVTP的火力支援。

在岘港南部，两辆M51坦克修理车——"公牛"和"强盗"正在抢修一辆损坏的M48。炮塔上的机枪已移到可优先攻击的位置以搜索敌军。

顺化北部一个基地中，3辆来自美国海军陆战队第3装甲营的M48A3"巴顿"坦克正在整备中。

▲ 在"爱荷华州"行动中，装载着沙包的爱德美坦克向新的目标地移动。两边升起的挡板，有利于携带更多的物品，而车上伪装的植物则可以分散敌军火力。

▲ "山核桃2"行动中，一辆满载着沉重物资同时还搭载着海军陆战队员的M67喷火坦克。

全。但它们最重要的，第一位的任务还是支援步兵作战。为此这些数量本已有限的装甲车辆被进一步拆分成了排级分队。然而，尽管按照传统装甲兵使用原则来看，这是一种明显错误的战术，但在越南的特殊战场环境中，看起来似乎过于小心谨慎的海军陆战队却很少遭受大的损失。事实上，在1965年的整个夏季，海军陆战队装甲部队只是在基地周边执行小范围的巡逻搜索任务，并没有大型的战事发生。

然而在1965年8月初，美军得到情报获悉越共游击队将派出一个团的兵力攻击美军在凯莱的基地。为了先发制人，美军策划了"蓝锆石"行动，这是一次多兵种合同以消灭越共有生力量为目的进攻。海军陆战队装甲部队先

以两个M48坦克排从侧面对疑似敌军的设伏阵地发动了冲击，随后各步兵部队、直升机及两栖机动部队开始拉网式的合围并消灭任何遇到的敌人。越共武装由于无法逃脱，只能选择与优势敌人进行最不擅长的正面对抗。于是一场第二次印度支那半岛战争初期罕见的硬仗开始了。值得一提的是，在这次漫长的丛林战斗中，海军陆战队首次派出了大量怪物般的"奥图斯"火力支援车，虽然战场上泥泞的道路和密集的雨林有时会阻拦装甲车的前进，甚至将无后坐力炮从车体上刮下，但"奥图斯"火力支援车协同步兵还是犹如一把锋利的金属刷子在雨林中进出自如，对越共武装造成了比坦克更大的威胁，充分证明了这种在欧洲不

◀ 在"蓝锆石"行动中正在驶下坦克登陆舰登陆的M48坦克。这辆陆战队坦克炮塔周边挂满了备用履带、沙袋、水箱及包裹。

◀ 在"蓝锆石"行动中一辆海军陆战队的M48坦克正在艰难地穿越沙地。炮塔上的探照灯用于为夜间战斗提供照明。

受待见的非主流战车在越南战场上的巨大价值。当然，"蓝锆石"行动中对装甲力量的使用也并非没有败笔——比如，一支包括3辆坦克和5辆巡逻车的行动纵队在没有步兵支持的情况下贸然冲进了一支越共武装阵地中然后被死死地压制在原地动弹不得，虽然后来这支小分队还是拖延了一段时间，并在大部队赶到后给敌人以重大杀伤，但这件事给出的教训却毫无疑问地指明，装甲机械化部队在丛林中作战时要比在其他地形更需要步兵的近身保护。

不管怎么说，作为美国海军陆战队装甲力量在越南战场上的处女秀，"蓝锆石"行动还算是圆满地结束了，它代表了未来在越南的战斗中某种对装甲力量的合理运用形式。于是，海军陆战队的M48坦克和"奥图斯"火力支援车继续被拆分，分成若干个排级小组分配到连一级步兵部队提供火力支援——或被用作进攻时的机动式重炮，或被用作掩体供士兵休息，或者成为防守时救命的火力支援。不过，这种分配方式却很少用于两栖车辆，这是因为LVTP-5一般主要是用于运送部队的大规模调动，所以必须被集中使用。而在没有陆上大规模行动的时候，这些两栖装甲车也往往被用于保卫桥梁、基础设备、营地或充当护卫队

保护运输车的角色，而绝少直接参加短兵相接的战斗行动。在后来1968年溪山的战役初期，来自海军陆战队的五辆M48坦克和两辆"奥图斯"火力支援车曾经发挥了重要的作用，很多急需且必要的机动火力支援都来自这些海军陆战队装甲车，多次及时阻止了敌军突破防线的企图。战后很多人比较溪山战役和奠边府战役，发现两场战斗有着惊人的相似——因为防守一方的装甲力量起初投入规模都不大。如果战斗初期北越方面如果能够派出一支足够分量的装甲突击队完全可能重创美军，但显然美国海军陆战队的坦克手们比他们10年前的法国同行战斗技能更高一筹，最终才将战局的主动权转移到自己手中。

这次以海军陆战队为主的鏖战具体经过

▲ 在1967年的圣诞节，海军陆战队员们将一辆LVTP-5水陆两栖装甲车装扮起来运送圣诞老人的主意看起来不错。

▲ 海军陆战队员们也土法上马，在越南改装了很多这类简易却实用的"装甲卡车"。陆军后来效仿了海军陆战队的这种作法。

▲ 海军陆战队员们将106毫米口径的无后坐力炮，装在一辆M274轻型拖车上，攻击围攻溪山的敌军。这些改装版简易战斗车辆往往能够由直升机运输，这使其在某些情况下能发挥制式装备无法达到的效能。

▲ 溪山战役中，一辆经过深埋处理的海军陆战队M48在帮助友军守卫阵地。

是这样的。1968年初，越南人民军主力进入溪山（KheSanh）地区，将驻守溪山要塞的美国海军陆战队1个团牢牢围困。该要塞位于一个四面环山的高原之上，长1.6公里、宽0.8公里，控制着通向老挝边境的9号公路。越南人民军仍旧采取围点打援的战术，打算借围困溪山要塞引诱美军大部队前来增援，通过伏击战把溪山守军和援军一起歼灭。为此，越南人民军指挥部投入了第202坦克团对守卫溪山的美国海军陆战队实施包围。1968年1月26日夜，越南人民军第24步兵团在第202坦克团第3连的16辆PT–76型水陆坦克配合下，借助着夜色的掩护，向由500名美国海军陆战队队员守卫的溪山要塞外围的老村高地发起围攻。

这是美军在越南战争中第一次被越南人民军的坦克部队包围。在过去，一直是美军出动坦克部队对越南人民军队和游击队实施进攻，但这一次的情况却彻底相反。许多美国海军陆战队队员从未遭遇过越南人民军的坦克，他们惊恐地发现越南人民军不再像以往单靠步兵冲锋，而是由坦克在前面开路。美军纷纷乱了阵脚，慌乱中有人竟然用机枪向越南人民军的坦克盲目地扫射起来。很快，越南人民军步兵在坦克的引导下突破了美军

的外围防线。越军的步兵和坦克相互协同，步兵一旦遭遇美军碉堡，坦克立即上前用坦克炮进行抵近直射，将其彻底摧毁。而只要美国海军陆战队队员试图使用90毫米无后坐力炮和火箭筒攻击坦克时，就会立即遭到越南人民军步兵密集的火力压制。在如此打击之下，许多美国海军陆战队队员逃离了自己的防卫阵地，撤向第二道防线。美军随即呼叫空中打击和炮火支援。然而，由于夜间可视度差，美军的炸弹和炮弹不分青红皂白地落在阵地上，误中了不少美军，反倒给美军造成了更大的伤亡。至第二天清晨，战斗结束，越南人民军占领了老村高地，人员伤亡居然少于美军，这完全归功于有坦克参与进攻。

▲ 在"肯塔基州5号"行动中，海军陆战队员围在一辆损坏的M48坦克周围。在炮管上写下坦克名字的作法，在海军陆战队和陆军中都非常流行。

▲ 在"亚利桑那州"行动中一辆装载着水、食物和弹药的M48坦克正沿一条位于岘港最南端的丛林边缘机动。

▲▼ 这两张图片为6个月中同一辆坦克更换了两组成员后的变化。这辆名叫"灾祸"的坦克来自陆战队第3装甲营，准备移动到岘港南部的目标区域。请注意在炮塔上的战术编号，挡泥板和空气净化器的变化。下图拍摄于"贫瘠之绿"行动中，它的名字和战术编号被从炮管上擦除，被用黄色数字重新涂写到后甲板。

▲ 在"派普斯通峡谷"行动中，一辆海军陆战队的M48坦克正在通过一条崎岖的山路。

　　2月初，越南人民军第202坦克团又出动PT-76型水陆坦克继续对溪山要塞内部的蒲登县（BuDop）美军海军陆战队营地发起进攻。但这次遭到了美军海军陆战队的无后坐力炮攻击，被击毁1辆，另有1辆被赶来支援的美军武装直升机击毁。美军第1骑兵师（直升机部队）展开了长达10天的"飞马"行动，试图打通一条通往溪山的通道，解救被围美军。行动中，美军武装直升机给缺乏有效防空武器的越军坦克部队造成了灭顶之灾，越军第202坦克团损失惨重，仅在2月10日当天就被击毁了6辆坦克。紧接着，美国空军又出动B-52"同温层堡垒"战略轰炸机对包围溪山的越南人民军进行狂轰滥炸，总计出动2548架次，投下了59542吨炸弹，给越军带来了巨大伤亡。4月11日，在坦克和步兵均遭受严重损失后，剩余越南人民军放弃了对溪山的包围，最终化整为零，撤入老挝境内，溪山战役就此结束。溪山战役是越南战争中越南人民军首次大规模集中使用坦克部队，尽管最后未能达成战役预期目的。但越军由此获得了宝贵的坦克部队作战经验和教训，并且让越军司令部下定决心扩建坦克部队。到1974年为止，越军以中国和苏联援助的大量坦克先后组建了9个坦克团。

不过，当溪山的战役还在进行的过程中，海军陆战队的大部分装甲兵力却被要求扮演一个新角色。作为对抗美军春季攻势的一部分，越共武装也准备以顺化市为目标发动一场针锋相对的全面攻势。由于情报的疏忽，美军和南越政府军在顺化遭遇了一支庞大的越共

▲ 这辆M50火力支援车很少见地携带了一个大型的探照灯以应对夜间作战。极少数M50火力支援车会这样装备。

▲ 在"风铃"行动中，一辆M50火力支援车正在穿越火线。

▲ 在"舱面5"行动中，M50火力支援车和LVTP-5准备离开驻地登陆广义。

◀ 由一道战壕作屏蔽的一辆M50火力支援车控制着41号高地部分地区的周边安全。这里是美军在顺化南部的一个据点。

◀ 一辆升高了全部炮管的M50火力支援车正在等待开火的指令。注意它挡板上不寻常的图案，这在M50上很难见到。同时，密封的五加仑装的汽油罐被很细心地捆绑在车体一侧。

▼ 在溪山附近的9号公路上，M577拖着一辆拖车穿过泥地。

军队，经过乔装打扮的南越越共游击队在北越正规军大约10个营的支援下，几个小时内就占领了几乎整个顺化城，但南越军队第3师师部以及美军顾问的营地此时仍然没有落入北越的掌握之中，随后6000名美国海军陆战队队员对占领城市的越共军展开了艰难的攻艰战，而越共士兵则利用所有房屋进行疯狂地抵抗（其实，北越军队才攻进顺化城。他们刚刚开始清洗城中的南越势力，美国海军陆战队1师就反攻了）——让美军耿耿于怀的顺化巷战才算真正到来。由于城市空间有限和极其不利的天气情况，空军和直升机的作用微乎其微，海军陆战队队员们只能不断地呼叫装甲部队发动火力支援。M48坦克和"奥图斯"装甲车在后阶段的战斗中扮演了不可或缺的角色，特别是"6管怪物"——"奥图斯"装甲车成为了越共士兵的噩梦，在巷战中发挥的效能远远超过了重达50吨的"巴顿"坦克。尽管海军陆战队伤亡率很高，但当战斗平息下来时，满地的敌军遗骸表明越共的进攻已遭失败。事实上，美军只付出了142条人命，越共方面却留下了

四千多具尸体，这些尸体几乎铺满了顺化的整个街道。虽然春节攻势对于越共军团来说是个惨痛的教训，但这场战斗对于美军来说也是一个政治方向转变的催化剂。从此以后美国政府对于越南的策略逐渐转向扶植为主，而作为一种姿态，海军陆战队远征部队开始陆续返回本土。到1971年中旬，所有的海军陆战队战斗部队不是已经离开了越南就是处于撤退的过程中，海军陆战队装甲力量在越南的战斗历程也随之宣告结束。

▲ 很有视觉冲击力的LVTE水陆两栖工兵战斗车。装载着海军陆战队队员正在通过一道田埂。它在扫雷犁后装了满满一大箱补给品。

▲ 一辆车首装有巨大扫雷铲的LVTE水陆两栖工兵战斗车。

这是来自美国海军陆战队第3装甲营的M48坦克，正在执行"星光"行动，这次行动开始于1965年8月。这是这种48吨级的主战坦克首次运用于越南战争，车体后部略显笨重的排气设备和这辆坦克出奇地干净整洁就很能说明这一点。

▲ 一辆LVTR正在移动修理损坏的重型机械。这辆LVTR没有任何自卫武器。

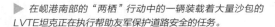

▶ 在岘港南部的"两栖"行动中的一辆装载着大量沙包的LVTE坦克正在执行帮助友军保护道路安全的任务。

▲ 这是一次有趣的行军，一辆LVTR-5坦克在岘港南部撞进了一道灌木篱墙。其实海军陆战队员们更喜欢坐汽车出行，因为如果引爆了地雷，装甲车的输油管破裂会从里面烧毁一切。

第四章

美国陆军装甲部队的到来

1965年1月1日，美国采取了卷入地面战争的一个重要的准备步骤。派遣美国作战部队的应急计划进入了代号为"32–64"的第一阶段的"作战状态"。这一天也是泰勒大使提议轰炸北越的最后期限。但威斯特莫兰（美侵越部队总司令）坚持派地面部队，而泰勒（美驻南越大使）坚持进行"逐步"轰炸，他向参谋长联席会议力谏轰炸附近的空军基地。约翰逊在考虑这些不同建议时正在召开联合国安全理事会的马拉松式会议，他得抉择是进行空中战争还是地面战争，或者是二者同时进行。现在不再是应急，而是要作出选择，因为华盛顿已经确认：美国盟友的极端虚弱迟早将迫使美国扩大战争。于是1965年1月底，选择的结果是：空中战争会取得最大效果，最少引起争论。1965年2月13日，美总统约翰逊同意对北纬19度线以南的北越军事目标进行持续轰炸。3月2日，美军开始实施"雷鸣行动"计划。104架美国空军喷气式飞机轰炸了广溪弹药库，19架西贡空军螺旋桨飞机轰炸了邦林海

军基地。从此开始到年底，美国在北越上空总共进行了5.5万架次轰炸飞行，投弹3.3万吨。

美国持续轰炸北越的目的，是想迫使北越让步，停止对南越人民武装的援助，以此来扭转在南越的局势。然而事态的发展并不像美国所期望的那样，北越不仅没有屈服，反而全民皆兵，准备与美国抗战到底。这是美国人所没有想到的。事实上美国对北越进行的轰炸，并没有压倒越南民主共和国，越南人民发动全民打飞机。军人打，老百姓也打。既用高炮打，也用轻武器打。甚至于还产生了一个越南版的"射雕英雄传"——一个拿枪的北越农民阮越凯（民兵）用卡宾枪打下了4架直升机……姑且不管这个神话的真实性有多高，但足以使美国官员沮丧地看到这样一个事实，轰炸非但未摧垮北越的意志，反而更坚定了它支持南方斗争的决心。1965年春，北越的325师的两个团（第32、第101团）到达南越。5月至6月间，美国军方又发现人民军305师一部出现于老挝境内的胡志明小道。到1965年底，在南

来到越南的初期，美国陆军装甲车辆大都有白色涂装标记，但这也使其成为了敌人攻击的目标，于是军方迅速将这些标记铲除或是像这辆M113那样用草绿色涂料将之直接覆盖。

一辆名叫"红色恶魔"的M728战斗工程车（CEV）淤陷在登陆区（LV）中等待救援。M728战斗工程车由M60改装而来，装有一门165毫米口径破障炮。

方已有约10个团的人民军。北越军队的进入和解放武装力量的进一步壮大，使得当时在南方的革命武装已达到近14万人。对此，美国政府感到极度不安。在这种情况下，美国不得不考虑把地面部队投入到越南战场。

结果到1965年底，侵越美军总兵力已达18万人，其中地面部队3个师、3个旅、1个团，而到了1966年10月，在南越美军总兵力更达32.8万人，其中地面部队6个师、3个旅、2个团。然而即便如此，越南战场的局面却依然不见起色。据不完全统计，1966年至1967年旱季的6个月中，美军进行团以上"扫荡"达105次，其中师以上规模13次。对南越解放区的破坏程度也达到了前所未有的程度。南越军民针锋相对地开展人民战争，进行反扫荡作战，歼敌约16.7万人，其中美军五万余人。由

于为战争升级的前景深深烦忧，约翰逊色厉内荏，他不想成为战争总统。他急于要利用选举胜利、国会合作和良好的经济来建设"伟大的社会"和"对贫困宣战"，他不愿让这场战争来毁坏他的政治声誉。然而，他也不甘心输掉这场越南战争，因为他担心放弃这场战争将会使共和党东山再起。尽管麦克纳马拉告诉约翰逊，逐步施加压力的战略有可能把60万美国地面部队投入南越，并造成每月1000人的死亡，而且在1968年以前不会有真正的胜利。但泰勒大使和威斯特莫兰却从西贡向约翰逊报告说，已经没有多少时间来调拨地面部队了，因为"越共"正规军和北越军队正在对南越军队造成重大损失。泰勒对于使用美国地面部队热情不高，但他还是同意威斯特莫兰的意见，要求使用最低数量的美军

▲ 在甘露南部卡罗尔基地一辆M48坦克待在掩体后面，构成一个火力点。这些沙包和泥土墙对坦克进行全面保护，只有炮塔暴露在敌军火力之下。

去保卫盟友的空军基地。另一方面，威斯特莫兰则要求美国部队对北越军队直接作战，这一建议也为参谋长联席会议所支持。在从1967年7月到10月间所作的一系列决定中，约翰逊批准了威斯特莫兰把相当于5个美军师（44个作战营）的兵力投入战斗的建议，正式把美国的地面部队派到了南越战场。

不过，美国陆军下决心将大量装甲部队由欧洲和本土调往越南，却颇费了一番周折。尽管早在1965年中期，美国政府就表达了必要时将"正式"派遣地面部队与越共直接作战的决心，但却有三个问题影响着是否向越南派遣重型机械化部队的决策：第一个也是最关键的是，威斯特莫兰将军感觉战争的地形和形式并不适合使用装甲部队，尽管事实是早在1957年美军顾问就帮助了越南共和国（南越）重建了其状态不佳的装甲部队，但威斯特莫兰还是认为越南大部分是沼泽、雨林这种坦克和装甲人员输送车难以施展的地形。而且之前法国人的遭遇似乎已经说明，10年前法军就因为没有考虑到装甲部队在越

南的活动会极其不便的因素而导致最终的惨败。第二点是，在介入越南事物的初期，美国政府出于政治上的考虑，严格限制派出的军队数量和质量。而且虽然作为军方的强硬派人物，威斯特莫兰将军要求尽可能多地投入部队参加作战，但他也认为步兵部队相比于坦克机械化部队，需要更少的后勤支援，能够更好地适应这场战争，而且这种观点也恰好与政客们的考虑相契合。根据他的想法装甲部队在丛林战中没有多少用途，他不希望将定额的人力浪费在装甲部队上，更不希望宝贵的后勤资源被那些铁皮怪物白白吞噬。他和大多数参谋相信凭借步兵就可以从容面对这次与游击队员的战争。最后一点，这一阶段的战争中美国政府希望把伤亡率控制在一个较低的水准，不会给人们一种美国军队接替了越南共和国军队在战争中的位置的感觉。但如果有大量的坦克和机械化部队轰鸣在越南的大地上，这点是很难做到的。直到在美军开始与北越军队越来越多地直接战斗后，这个想法后来被放弃了。但它却也的确是最初阻碍美国政府向越南运送重型机械化部队的一个重要原因。由于上述三点，美国派往越南

▲ "大红一师"第1坦克营的M48A3主战坦克在"林肯"行动中向波来古市南部移动。注意此时坦克的外表十分干净整洁，但战火将很快改变它的外观。

的地面部队军队，被严格限制了所能携带的重装备数量和种类。这导致大量机械化部队被重新改组成为轻步兵，装甲师之类的重型坦克部队更是被越南直接拒之门外。

到了1965年秋天，这个状况多少有些改观。美国政府允许威斯特莫兰将军将主要装备M48和M113的"大红一师"（即美国第1步兵师）师属装甲旅一部部署到越南来应对平原上的任务。然而，在这么多约束强加之下，必然严酷地限制了装甲部队的战术运用，以至于无法获得足够好的战果。但不管有多少限制，此时为数甚少的陆军装甲部队在战场上还是开始显示威力。1965年11月来自第1步兵师装甲旅一支团级战斗队的M113和M48在位于边和附近的防御阵地击退了来自越共军队的数次坚定进攻。尽管战斗中，这个团级战斗队被多达3个师的越共士兵反复地用迫击炮、无后坐力炮及各种自动武器狠狠敲打了几遍，但最终造成巨大伤亡的却是敌人——除

了留下900具尸体外，北越部队还留下了5辆63式装甲人员输送车的残骸，而拥有重型装甲机械化装备的美军却只遭到了微不足道的人员伤亡。虽然军事术语中，将对敌军造成如此程度的伤害模糊地称为"两倍伤亡"，但这场战斗本身却提醒上层人物意识到，原先关于装甲部队在越南战场的消极看法也许是错误的，装甲部队依然可以在这场"潮湿"的战争中成为举足轻重的角色，而且为M113机枪手增加防盾将使这种装甲运兵车在某些情况下成为一种一线战斗车辆（同样的东西其实早在三年前就被南越军队所了解，但这些有用信息既没有传递到美国军方，更没有引起足够的重视），这意味着或许美国陆军的现役装备能够应付在越南的大多数军事行动，如此一切无疑具有非同一般的积极意义。于是在这样一个有利的氛围下，到了1965年9月向越南增派更多重装机械化部队的建议被重新提出。

第五章

战场上的黑马：第11装甲骑兵团

由于陆军的装甲部队在越南战场的最初行动中取得了意外的好成绩，因此威斯特莫兰将军要求将美军中的一支装甲劲旅——以黑马为标志的第11装甲骑兵团派到越南[①]。其实早在一年前军方就考虑部署这支军队到越南，但由于高层参谋的担心和内部机构改组使其失去了前往战场的机会。这次终于如愿以偿。第11装甲骑兵团于1966年9月到达越南，这使其成为了当时越南境内唯一一支"真正意义"的整建制装甲部队。要知道在此时的越南战场上，包括"大红一师"师属装甲旅所部在内的其他的装甲部队都是隶属于步兵部队的一部分，只有第11装甲骑兵团是一支建制齐整具备独立作战能力的部队——拥有3个营级规模的装甲骑兵中队，以及包括155毫米自行火炮在内的各种团直属队[②]。

然而，20世纪50年代到60年代美国武装力量装备战术、人员训练方面的针对性特点却是显而易见的。要将这样一支原本准备在欧洲与苏联红军重装甲机械化集群硬拼一场的军队，突然投入潮湿闷热、丛林密布的越南亚热带战场，所要面临的问题可想而知——无论是美国海、陆、空军，还是海军陆战队，情况都是如此。事实上，美国军队被打了个措手不及。对于美国军人来说，由于参战时间、地点和任务不同，这场战争有可能大相径庭。对于一半的美国军人而言，越南并不比任何其他海外服役地区更加危险或令人害怕。这些人在管理和支援部队里服役，可以长时间地在相对安全的条件下工作。但对于作战部队尤其是步兵或是装甲兵单位里的"猪仔"和

[①] 装甲骑兵并不是新颖的军事概念。在近代军事发展中，传统骑兵无法抵挡现代轻兵器的速射效率，军事运用价值滑落。到了一战时，骑兵向着装备机枪的壕沟防线冲锋已经毫无胜算，而在二战中，有些骑兵部队干脆开始装甲化，放弃骑乘军用马改为使用坦克装甲车为座骑，之所以仍然保留骑兵的番号，仅仅是因为荣誉。

[②] 装甲骑兵团是美国陆军海外快速部署部队的作战主力，虽然其编制仅有重装甲师的三分之一，但在战场上所能发挥的打击力却相当于一个精锐装甲师，而且能比重装甲师更快地投入战场，而不需旷日费时的装载和运输，其运输时间比重装甲师少二分之一，而且所需的后勤支援也比较少。

▲ 美军第11装甲骑兵团臂章。

直升飞机驾驶员来说，这场战争就是长时间的无聊和高度的身心紧张。对于地面部队来讲，作战可分为两大类：在人烟稀少的山间丛林中作战或从湄公河三角洲和西贡直到边境地区的大片茂密的森林中行动。"猪仔"们要搜索北越共产党的正规军，力求发现、定位并使用空军、炮兵和步兵近战等方式加以歼灭。越共军队显然更喜欢后一种方式，他们通过伏击和从既设堡垒工事中同美军交战。这种捉迷藏式的冲突同其他战争有着许多共同之处。通过阻击、设伏、布设陷阱以及使用火箭和突击队进行夜袭的方式使美军付出了相当高的代价。在1967年，每月的阵亡人数在八百人左右。

▲ 在"银色春天"行动中，一辆M577装甲指挥车带领一支卡车纵队穿过西贡南部的干涸稻田。

▲ 第11装甲骑兵团的M48坦克和M113装甲人员输送车正在一个空军基地利用鼓状油桶和橡胶袋加油。请仔细观察美国陆军M48位于炮塔和车身上的一伪装图案，这与南越装甲部队的同型车很不相同。

▲ 在"马卡哈"行动中，第11装甲骑兵团的M113携带着一门迫击炮作为移动火力点。

而就陆军装甲部队而言，其最初投入越南战场的装甲技术装备主要是少量用于保卫机场的M48"巴顿"主战坦克与M113装甲人员输送车。不过，M48"巴顿"主战坦克太重，越南崎岖的山路和泥泞的水稻田经常让这只巨象无力自拔，其坚甲利炮的优势根本无从发挥；而作为一种轻型装甲人员输送车，M113的火力与防护性又与战场的实际需求相距甚远（战斗中，一些M113的侧装甲甚至被12.7毫米高射机枪轻易击穿了）。第11装甲骑兵团在越南同样遭遇了这一切。起初，第11装甲骑兵团到达越南后曾被拆分成"零碎"，广泛地运用在道路安全保障任务中——尽管这种战术受到了该团团长乔治·S.巴顿（George. S.Patton）上校[①]的极力反对，但上级仍然明确拒绝了将该团作为一个整体投入战斗的请求。结果，这种情况阻碍了该部人员的适应性

训练，战斗力始终呈现下降的趋势，士气与刚来到越南时相比也不容乐观。所幸，在经过一段时间的磨合后，面对越来越大的质疑声，驻越美军司令部终于停止了对第11装甲骑兵团的拆分，而将该部重新整合成一个整体以应付即将开始的大规模攻势。

如果说1965年到1966年，是美国陆军装甲部队在越南的适应性阶段，磕磕绊绊一路过来经验收获了不少，那么到了1967年，则是其战术逐渐趋于成熟的一年。以第11装甲骑兵团为例，1967年年初，该部开始编成若干营级（中队）多兵种合成战斗队执行搜索攻击任务，在"倒下的雪杉"和"枢纽城市"战役中发挥了巨大的价值。1967年2月26日，在美国发动越南战争以来最大的攻势中，美国部队开进柬埔寨边界附近的丛林地区，以搜寻秘密的越共总部。美越混合部队的两万五千多

---

① 乔治·S.巴顿上校，原名"乔治·史密斯·巴顿四世（George Smith Patton IV）"，名将世家出身，著名的小乔治·史密斯·巴顿将军之子，父亲去世后改名乔治·S.巴顿，时任第11装甲骑兵团团长。

人进入一个位于柬埔寨附近称作C作战区的扇形地带执行清剿任务。他们的目的是找到并摧毁越共中央机关总部——南越所有游击队武装的指挥所。同时，美国海军的飞机开始向北越南部的河流里投放水雷以阻止帆船运输。约翰逊总统在发起这次攻势前曾强调指出：他不会停止轰炸北越，除非河内减少它的军事行动。第11装甲骑兵团在行动中主要被用于封锁某片战斗区域，搜寻敌军营地位置，摧毁尽可能多的敌军补给物资，并对所发现的任何敌军部队实施毁灭。在大多数行动中，火力、机动和防护性上的全面优势使重装的第11装甲骑兵团官兵们倍感轻松。但战争从来都是相对的，在某些不便于重型机械化部队展开的丛林地形，徒步的越共武装却能够轻易逃脱美军的围捕，成功地以空间换取了战术上的主动权——火箭弹（RPG）和地雷让装甲骑兵们也吃了些苦头。

当然，有时第11装甲骑兵团也会被抽调执行要地防御任务。1967年3月10日晚，越共武装开始攻击一个由第1装甲骑兵团1个M113装甲连守卫的重要补给基地。越共部队在无

后坐力炮、火箭弹的掩护下接连发动了两次攻击，但是都没有获得成功，反而被防守基地的美军装甲车以车载机枪火力大量杀伤。到了清晨清点战场时发现，共有197名越共士兵的尸体倒在了阵地前，而第11装甲兵团方面则仅有7人受伤。随后，赶来增援的第11装甲骑兵团M48坦克和M113装甲人员输送车在3月19日发动了一次出色的反击。在这次战斗中M48凭借厚重的装甲轻松穿透了越共部队防区外围周边的防卫，随后这些"巴顿"坦克和M113利用霰弹和机枪喷射"黑色火焰风暴"杀死了大量的敌军，经过一夜鏖战迫使越共军队后退半英里，牢牢地掌握了战场主动权。当太阳从地平线升起时，227名越共士兵永远地躺在了他们的阵地里，而第11装甲骑兵团方面虽然也有11辆M113装甲运兵车和2辆M48被击瘫，但这些车辆大多被成功地拖回了己方阵地，只有3名士兵战死。

当然，也不是每一支部队都会得到装甲部队的保护。比如在一个被称为"黄金火力"的战术据点，由于越共方面探明仅有步兵部队进行防御，因此在1967年3月21日，来自越

▲ 战斗巡逻中的第11装甲骑兵团M113ACAV骑兵战车。M551相对M113ACAV的优势还是显而易见的。

▲ 驻越美军第11装甲骑兵团第1中队装备的M113ACAV骑兵战车。

共272团的5个营对这个基地发动了史无前例的大规模进攻。在一系列坚决而惨烈的冲锋下，越军从三个地方被攻破了防线。幸存下来的步兵，甚至包括坠毁直升机上的驾驶员都在基地后方的最后一道防线绝望地进行抵抗，但弹药却以惊人的速度消耗完了。

就当越共部队即将进入手榴弹投掷距离时，第11装甲骑兵团的坦克和装甲运兵车突然从雨林中出现，使得眼看就要得手的越共部队转瞬陷入惊恐和慌乱——在收到求援信号后，乔治·S.巴顿上校即命令麾下一个装甲骑兵中队加强步兵后组成战斗队支援这支被包围的友军。尽管受天气影响延缓了机械化纵队在密集雨林中的机动速度，但增援的装甲部队还是在最关键的时刻赶到了战场。于是前面那个极具英雄主义的场景出现了。虽然当第11装甲骑兵团的坦克和装甲运兵车发起反冲击时，脚穿胶鞋手持手榴弹的越共士兵曾试图努力地阻止这股钢铁洪流，但他们的抵抗却注定是徒劳的，很多越共士兵被装甲车撞死或被机枪打死。尽管也有极少的越共士兵爬上装甲车，企图将手榴弹塞进缝隙中摧毁这些装甲怪物，但这些英勇的越共士兵却很快被美军的单兵武器射杀。当烟尘散尽，有大约600名越共士兵死在了这片土地上，美军也损失惨重——31名美军战死，一百多名美军受伤，但如果没有装甲部队的及时驰援，这场战斗的结果可能会更加惨烈，基地的失守也几乎可以肯定。总之，在这场白天的正面较量中，第11装甲骑兵团扮演了一个必不可少的角色。同时，更因为他们击败了越共军队中装备最精良的部队之一（当时越共272团是极少数的在装备上齐装满员并受过中国方面系统训练的正规军团队），所以这场战斗的意义其实还超过了胜利本身。这也使第11装甲骑兵团扬名越南战场，成为了一匹名符其实的"黑马"。

但是，伴随此次胜利，美军装甲部队的威胁也被越共方面重视起来——反坦克作战被视为与防空作战同等重要的任务。而且漫长

▲ 一辆被称为"大屠杀"的M132喷火战车。

▲ 驻越美军第11装甲骑兵团第1中队装备的M113ACAV骑兵战车侧视图。除了M113ACAV外，工厂还制造了一辆原型车是两侧还有对外的射孔，称为"XM734"，也部署到越南战场测试。但是据报没有什么特殊表现越战修改的ACAV套件也部署到伊拉克。直到现在M113ACAV系列依然在使用。伊拉克战场还有一种是安装一具改良的圆形枪塔而撤除后方两把枪。并加强车长的装甲。

的战线也决定了越共部队在这次失败后，并没有失去重创美军的机会。1967年4月21日，第11装甲骑兵团的一支分队在例行护送任务中就遭到了越共军队的突袭。在有利的伏击地形的帮助下，越共部队在付出死伤过半的代价后全歼了这支部队——这次伏击的地点在白天视野很好，但是越共军队巧妙地布置了陷阱和地雷，打了美军一个措手不及。而在几天以后的另一次事件中，来自第9步兵师的一个坦克分队也在在西贡南面到头顿的路上遭遇了越共部队的夜袭。在这次突袭中美军被击毁了11辆坦克中的9辆坦克。然而，这些事

件的发生并非偶然，对于越共军队来说美军的自满给他们带来了成功的机遇，毕竟任何一支军队丧失警惕都会给敌人可乘之机。

但另一方面，随着战斗进程的深入，驻越美国陆军装甲部队的战术也在不断调整。其中一个明显标志是，一些战争初期发展出的合理策略逐渐趋于标准化条令化。比如，贯穿整个战争始终，运输线从来都是军事行动打击的重点。但相对而言，后勤需求更大的美军要比对手更关注运输车队的防护问题。也正因为如此，同海军陆战队一样，陆军的装甲部队也常常被派遣护送这些有价值的运输

▲ 一辆采用新型4色丛林迷彩的M113ACAV骑兵战车。然而实战证明，这种4色迷彩并不实用，所以大部分美军装甲车辆还是保持了原有的丛林绿涂装。

▲ 一辆来自第11装甲骑兵团的M113在柬埔寨边界地区。在前面的那辆装甲人员输送车上卡通形像清晰可见。

队，作为护卫的小规模装甲分队战术在不长的时间内便几经变化。首先，为了对抗敌军打了就跑的疲惫骚扰战法，交叉前进反伏击战术被开发出来。这种方式使得运输车队中的装甲分队能够有效克服遭遇突然打击时的不知所措：在车队初次遇伏时，装甲分队必须迅速停下，并以行军方向为中轴左右散开，将一切"软皮"车辆置于其装甲车体所遮蔽的内侧；然后，装甲分队中的坦克（如果有的话）迅速带领配属步兵向敌主要火力集中处实施反冲击，与此同时整个车队中的其余车辆要尽可能快地向附近既易于隐蔽，又易于发挥自卫火力的地点机动。这种战术的关键在于面对敌军发动进攻时的反应——这不但关系到护卫的装甲分队能否第一时间发动有力回击击溃敌人，更关系到整个车队的存亡安危。另一种适用于夜间反伏击的装甲护卫分队战术则被称为"轰鸣奔跑"，即运输车队距离稍远的前后均有一支有坦克的装甲分队在道路两侧不间断地进行交叉机动，同时位于"三明治"中间的运输车队本身也有贴身的M113装甲车伴随护航，一旦敌军的伏击位置被发现，大规模的装甲扫荡将持续几天时间，直到越共士兵被肃清或是逃离此地，整个地区重新变得安全，运输车队可以不分白天黑夜自由通行为止。实战证明这些战术的效果是显著的——自从越共部队受到了几次严重打击后，对任何有装甲分队护航的运输车队的伏击行动都开始变得谨慎起来。

第六章

战争中后期的美国陆军装甲部队

1967年至1968年旱季，美军为巩固已夺取的重要地区和继续扩大战果，采取了"固守与清剿"相结合的战略。企图通过这次攻势，集中更大的机动兵力"摧毁越共主力"，进而"基本解决"越南战争问题。其清剿行动基本采取搜索围剿的战术手段，以小股兵力在不远离阵地（主要是基地）或驻地的情况下，实施小规模的攻势作战，而在广大农村，美军则主要是以空军支援南越军队进行作战。南越人民武装斗争这时正式开始由农村向城市发展，实行游击战与运动战相结合，一旦时机成熟，集中兵力，主动出击。在

1968年1月30日至2月7日，人民武装在南越全境发动了大规模的"新春攻势"，重点袭击了包括总统府和美国大使馆在内的美军、政府首脑机关、重要机场、电台、仓库等要害目标，给美军以空前沉重的打击，歼灭美伪军1.5万人。粉碎了美军组织的第三个旱季攻势。美军经过3年的地面作战，不仅没有消灭南越人民武装，反而被人民武装打得焦头烂额，狼狈不堪。1968年美国总统约翰逊宣布撤销侵越美军司令威斯特莫兰的职务，由副司令艾布拉姆斯上将接任。1968年2月底，美国从本土紧急空运第82空降师第3旅（第505

▲ 一辆装有106毫米无后坐力炮的M113。

▲ 1967年1月"倒下的雪杉"行动中，一辆被称为"死亡天使"的第4装甲骑兵团M113在路过一片橡胶种植园时停了下来。

▲ 一辆在老挝峡谷的战斗中被击毁的美国陆军M48A3"巴顿"。注意其车首喷涂的老虎嘴。

▲ 第4装甲骑兵团一辆由M113改进而来的M132喷火型在"倒下的雪杉"行动中，向可能潜藏着敌军的区域喷射火焰。

团第1伞降营、第505团第2伞降营、第505团第3伞降营、伞降反装甲连，以及第73装甲团第3营）和陆战5师第27团共1.05万人到南越，同年7月，又将第5机械化步兵师第1旅调入南越。至此，侵越美军地面部队达到9个师、4个旅、2个团，总兵员达54.35万人。

与大规模地面部队调遣相对应的是，到了1968年中期，美陆军装甲部队主力已经在越南存在的事实被人们广泛接受——尽管曾是被军方和政客普遍怀疑的一个兵种，但现在他们的表现却成了要打赢这场"糟糕"战争的关键之一。事实上，刚刚结束的溪山战役对美军的心理意义远甚于战斗结果本身。

作为越共首次投入建制装甲力量的进攻性战役，溪山之战带给美国人的心灵冲击之大不言而喻——美国大兵们猛然间意识到，与共产党坦克肉搏的日子又回来了（上一次是在朝鲜）。可要在越南人的履带下保住自己的小命，并干好"山姆大叔"交待的这个活计，只靠手中的长枪短铳显然不够，然而由于天气原因，看似灵丹妙药包治百病的空中支援又不是随叫随到，所以最靠谱的还得是自家的坦克——坦克毕竟是最好的反坦克武器——也就是说美军作好了在越南这块湿漉漉的土地上打几场坦克遭遇战的准备。正是这场战役，使美军决心加强在越南战场装甲兵的运

▲ 两辆所属部队不明的M48坦克在进行战斗巡逻。黑桃之所以常常喷涂在炮塔或车体上，是因为按照西方传统，这代表着死亡。

▲ 第4装甲骑兵团的一辆M113ACAV和一辆M48A3在一次侦察任务中为第1中队提供火力支援。最近处的坦克和装甲人员输送车上的骷髅头可能是一种非官方的标志。

▲ "在倒下的雪杉"行动中，一辆车体两侧开有射击口的M113改装版。但由于视野的限制，面对敌军火力时这些车体射击口并不十分有效，所以大规模装备这种M113改型的计划也就被放弃了。

用。所以尽管到了1968年中期，美军主要采取将主力部队撤回内线的战略，同时放弃一些边远难守的据点，缩短战线，集中力量守住17度线大门和西贡、岘港等大城市及其他战略要点，但美陆军驻越装甲部队的比例，特别是步兵师属装甲力量还是被进一步大大加强了。

一方面，越共游击队的目标大多是美军后方基地，或是南越仅有警察防御的城市和缺乏重装备的步兵部队。毕竟与泥泞多滑的野外不同，在城市有限的空间里无论是50吨的M48、M60主战坦克、十几吨的M41轻型坦克还是M113装甲人车输送车都能提供大量的火力支援以打击突破防线的越共军队，而且经验也表明没有装甲部队的支援步兵和宪兵部队在巷战中会付出更大的牺牲，在西贡、哈罗德矿区空军基地、下龙湾、边和及顺化，装甲部队成为了击退敌军的一大助力。另一方面，在执行野外清剿作战时，炮坚甲厚的特点决定了驻越美军对装甲部队的依赖将同直升机一样越来越重。不过，道理是这么个道理，但操作起来却仍有难度：想让重达47吨的M48"巴顿"如影随行般与越共那些三十多吨的苏制坦克同时出现在越南的每一个角

▲ 一辆严重损坏的M48A3坦克在新平的修理厂等待大修。坦克被火箭推进榴弹击中了炮塔和车身，还有被机枪扫射过的痕迹。

▲ 第11装甲骑兵团装备的M557A1装甲救护车。

▲ 一辆美国陆军M163自行高炮正在使用其20毫米6管加特林机炮平射。

▲ 一辆M48A3坦克正在正在一处雨林的空旷地带休整。炮塔上的旗帜的颜色为红白双色，杂物和编号是白色的。

◀ 由于M577的缺乏，一些标准型M113被加装通讯设备临时充数。

◀ 这辆第11装甲骑兵团的M113在一次搜索任务中被击伤。在车身前的木条用于帮助车辆脱离泥潭。

落明显不现实，再说90毫米口径的M41坦克炮对付T-34-85或是PT-76可能还马马虎虎，但对付T-54/55就有点力不从心。那让轻便的M41"斗犬"上场又如何？这个建议其实比上一个更糟，这只装甲狗早在朝鲜战场就被证明不敌朝鲜人民军的T-34-85……

而就在越南战争处于关键时期的时候，美国大选来临了。人民的反战情绪逼得美国侵越战争的主要发动者约翰逊走向反面，用缩小战争规模的许诺来帮助自己的民主党拉选票，但这一切都没有显示出多大效果，不得不带着美国侵越战争的政治伤疤和大选中失败者的耻辱，退出美国的政治舞台。1969年1月20日，美国新当选总统理查德·尼克松在天气阴沉、寒风袭人的气氛下进入白宫。新任总统上台伊始，面临着许多难题，但最使他感到棘手的问题是如何从侵越战争的泥淖

中拔出腿来。尼克松上台后，在就职演说中指出：我们陷入了战争，需要和平；我们陷入了分裂，需要团结。虽然尼克松为了争取人心，口口声声讲和平，但要真正解决这一问题并非易事。结果，尼克松一面高喊和平，一面下达了扩大战争的命令。然而，面对繁重的作战任务，与严重水土不服的作战装备，驻越美军装甲部队官兵们的不满终于公开地爆发了出来——第11装甲骑兵团甚至干脆上演了一出阵前换马的好戏，而且这马还是抢来的。

当时，第11装甲骑兵团驻越部队主要由少量M48A3主战坦克与相对较多的M113ACAV骑兵战车混编而成，然而过于沉重的M48A3在丛林战场很难发挥什么作用，大多被作为基地附近的移动装甲堡垒使用，而M113ACAV骑兵战车虽然在普通型M113装甲人员输送车的基础上进行了火力强化（标准ACAV套件包含

▲ "巴斯通尼"行动中的一辆M48A3正与其他部构成交叉火力。注意，其车体一侧的金属保温桶中装的是冰镇啤酒和冰淇淋。

▲ 第11装甲骑兵团第1中队B连装备的M551早期生产型。事实上，被拆除的炮管热护套与取自M113ACAV的机枪防护套件，已经使这连经过战地改装的M551早期生产型非常接近后来的"越南型"了。

枪盾和车长位置的圆型.50机枪塔M2重机枪，还有2把外加枪盾的M60机枪在左右后方，中间加上的"腹部装甲"是用薄的钢板制成，从前面往后延伸了二分之一到三分之二。后方的两把机枪的操作员可以在打开上部矩形货舱门后直接开火），使得M113从简单的装甲运兵车升级为一种战斗车辆，在前线承担着从人员物资输送、装甲侦察一直到火力支援的几乎"全部"任务，实际上扮演了介于轻型坦克与装甲侦察车之间的角色。但这种明显是急救性质的"骑兵战车"从原始设计看就不是战斗车辆，车体仍然只能承受轻武器攻击，再加上火力配置偏弱不合理，它们在战场上的表现并不理想，而且对其似驴非马的使用更使军方广受指责和嘲笑。

而恰好在此时，也就是1969年1月，作为先期抵达的第82空降师第3旅的补充物资和首批54辆M551运抵西贡港口。这种为取代M41而精心打造的高科技战车简直是为湄公河三角洲地区大片茂密的丛林战场而量身定作的——首先，仅仅48.1千帕的单位接地压强完全能让M551在越南的大部分地方健步如飞，而且15吨的车重在拆卸掉炮塔后（一个维修排能够在15分钟内组装完毕恢复战斗状态），又能够轻松地由CH-54实施空中机动；其次，花了大价钱打造的XM13"橡树棍"（此时已定型为MGM-51A），足以保证"捅穿"越南人可能装备的任何"铁皮车"（哪怕苏联人下血本把看家的T-64送来也是一样）；最后，虽然配用的M409E5式多用途破甲弹[①]在丛林轰步兵可能不如研发中的M625霰弹（此时M625霰弹还未最后定型），但凭着破片杀伤原理好歹也能轰倒一片！M551看起来是如此地无所不能，它的到来令苦不堪言的装甲骑兵们眼前一亮，作为代言人的乔治·S.巴顿上校"厚颜无耻"地将手伸向了这些空降兵的宝贝。

① M409E5式多用途破甲弹全重仅22.2公斤，弹丸重19公斤，初速687米/秒，膛压272.44兆帕，有效射程约1500米，最大垂直破甲厚度达500毫米，并能起破片杀伤作用。

其实早在1967年7月，美国陆军司令部就决定将不少于两个营的M551运往越南参战。然而，这一决定却遭到了许多深谙越南战场情况的前线指挥官的坚决反对。当然，这些天天沐浴在越共枪淋弹雨中的军人不是心怀鬼胎的政客，也不像普通民众那样人云亦云——政客或是易受蛊惑的民众们对M551的指责也许浅薄可笑，但军人们的担心却不一样，因为他们要立足实战，所以这些内行提出的反对理由令人无法回避：此时刚刚列装的M551，活脱脱一只光板没毛的高技术乌龟壳——除了昂贵的MGM-51A"橡树棍"反坦克导弹外，计划中的XM409破甲弹、XM410-WP黄磷发烟弹、XM411-TP训练弹以及高爆榴弹都还没有定型，威武的152毫米M81两用炮实际上只是一根吓人的烟筒，如果硬要打算用这根烟筒插上"橡树棍"去捅一捅越共的游击队（暂且不管效果如何），那一个月下来的账单绝对会令国会山上上演一出天怒人怨的悲剧。这个理由是如此地一针见血，结果M551被派往越南的时间只能被迫推迟，乖乖窝在本土接受改装：先是在车长指挥塔上加装附加装甲并减轻驾驶员门的重量，将整车重量降低了1.125吨，以适应越南战场的地理环境，然后

又一边急匆匆地宣布兼有破甲和人员杀伤用途的M409正式定型，并快马加鞭地为M81"烘焙"越共专享的"小甜点"——XM625霰弹（弹内装1万根7公斤的钢针，在东南亚丛林战场是绝佳的反步兵弹药，足以让M81成为一支超大号的霰弹枪），一边为坦克增加激光测距仪、弹道计算机、横风传感器，以提高M81在发射普通弹药时的首发命中率。

于是，54辆崭新的"谢里登"刚刚在港口卸载完毕，就遭到了"劫持"。颇受新任驻越美军司令艾布拉姆斯上将赏识的乔治·S.巴顿上校认为与经常作为空中机械化步兵的空降师相比，陆军普通部队特别是装甲骑兵们更需要M551来执行更为广泛的战斗任务（但从另一个角度来看，这也是一种讽刺，巴顿之子不要"巴顿"坦克，而要"谢里登"）。尽管空降兵们为捍卫自己的"财产"进行了英勇的抗争，但遗憾的是，艾布拉姆斯上将却对乔治·S.巴顿上校不无私心的建议深以为然，结果首批运抵越南的全部54辆M551"谢里登"被第4装甲骑兵团和第11装甲骑兵团瓜分殆尽——两个"强盗"（第4装甲骑兵团第3中队、第11装甲骑兵团第1中队）各分到了27辆M551。当然，为了表示对第82空降师第3旅

▲ 第11装甲骑兵团的一辆M551和一辆M113 ACAV正在等待加油。

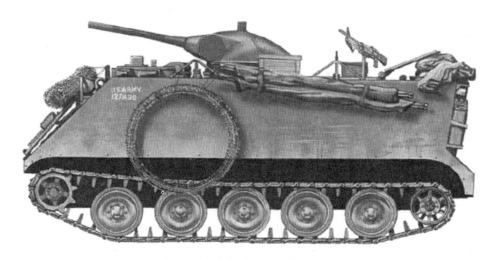

▲ 第25机械化步兵师装备的M132喷火战车。

的歉意，第4装甲骑兵团和第11装甲骑兵团也不是没有作出"补偿"，其中第4装甲骑兵团交给空降兵同等数量的M48A3"巴顿"，但第11装甲骑兵团的作法就不那么厚道了——近乎无赖地仅仅拿出了18辆M113ACAV来顶账。也许方式涉嫌巧取豪夺，但不管怎么样，依靠这种新锐的伞兵坦克，越南战场上的美利坚装甲骑兵们总算是重新武装了起来。

乔治·S.巴顿上校麾下的第11装甲骑兵团第1中队为接收新车停止了一切战斗勤务，全营进行了为期一周的不间断应急换装训练；而第4装甲骑兵团第3中队的作法则比较保守，他们一边维持着正常的战斗勤务，一边利用零碎时间对士兵进行M551轻型坦克的换装训练。当然，方法上的不同导致了最后效果上的差异，第11装甲骑兵团第1中队的士兵们对M551的掌握情况要明显好于他们在第4装甲骑兵团第3中队的袍泽（由于时间关系，这种程度上

的差距仅仅是相对而言）。但无论如何，随着先进的M551"谢里登"轻型坦克的装备，驻越美军装甲部队在这场战争的后期，适应能力还是有了长足的进步。举例来说，1969年5月10日，一个位于西宁市郊的夜间观察哨报告说，大批越共武装正在穿越市郊西北本翠橡胶种植园前的开阔地。接到情报后，第4装甲骑兵团即刻派出了一支包括2辆M551在内的连级战斗队前往该地探询敌情。经过15分钟的急行军，美军很快凭借M551的先进像增强器夜视瞄准镜（M551车长配发一个放大倍率为4倍的手提式像增强器夜间观察装置，但炮长使用的顶置式M44夜间瞄准镜却只是相对落后的红外型号）发现了一股大约300人的南越民族解放阵线武装。凭着先发制人的优势，两辆"谢里登"在一个交叉路口向毫无察觉的游击队齐射了两轮恐怖的M625[1]。短短的几十秒之后，这种被美军士兵戏称为"蜂箱"的专用反步兵

[1] 该弹为尾翼稳定弹，短尾翼用铝合金挤压制成，经表面热处理，可承受500兆帕以上的膛压；采用了压电引信；改进了点火装置，将原来的单孔底火改成多孔底火，在周围一圈开有径向孔，使点火时间从22毫秒缩短为5毫秒。

▲ 第11装甲骑兵团的M551与M113ACAV在执行巡逻任务。

▲ 从后面看，这辆"谢里登"坦克装有一个附加的行李架用以装载弹药和燃料。在车辆的周围还装有金属网支架以防御RPG火箭弹的攻击。

◄ 一辆汉普顿登陆区的M551。注意驾驶员边上的铁丝网罩和改进的车顶储存箱。指挥塔的位置有一部分被装甲挡板遮蔽住了。在炮管的"死亡"和"突然"之间有一处红色的条纹。

霰弹迅速显示出了效果——4枚M625总共喷撒了约28千克的四万多根钢针，橡胶种植园前的开阔地成了一片修罗场，被打了个措手不及的越共士兵当场被击毙四十多人，其余的则作鸟兽散，战斗很快平息了下来。

事实上，M551的入役使驻越美军装甲部队的主动出击活跃了起来——凭借极佳的通行性能，美军常常利用空中机动部队和机械化部队的配合，能够轻易切断越共部队的撤退路线，越共武装此前一直屡试不爽的打了就跑战术开始失效。然而这种由高技术堆砌出的新型坦克所带来的短暂战术胜利很快就被战争整体暗淡的形势所冲淡了。由于只要柬埔寨的庇护所不被击破，这场战争就会继续下去，在美国政府政治上的施压下，美军决定对这些位于柬埔寨的庇护所发动进攻。1969年3月18日，美军开始出动B-52轰炸机轰炸柬埔寨，从而将战火燃烧到了整个印度支那半岛。但作为针锋相对的报复，1969年3月底至

4月初，南越越共游击队武装在非军事区到湄公河三角洲一带发动了一次战略进攻，袭击了美军一百多个基地和军事据点。尽管此时驻越美军总数已经高达150万人，但漫长的战线还是迫使包括第4、第11装甲骑兵团在内的所有驻越美军处于一种疲于奔命的状态，战斗的强度和频繁程度是前所未有的。结果，美国国内爆发了两百多次学生反战示威，示威学生与警察发生了冲突。在这种情况下，基辛格和尼克松都决心让新政府免受1966年后林登·约翰逊那种地位衰落、日子难熬的痛苦。巴黎和谈必须取得明显进展，军队必须撤出，伤亡必须减少，盟国必须和好，国内"和平运动"必须平息。当然，也必须让南越政府"确信华盛顿在战争中仍支持它"。

1969年6月，越南南方共和国成立，并建立了临时革命政府。1969年7月以后，尼克松改变了侵越战争的方针，采取一面鼓吹和谈，一面增加军事压力，大力推行战争"越南化"

▲ 第25机械化步兵师装备的40毫米M42自行高射炮。

政策，改变约翰逊时期以美军为主体"替亚洲人打仗"的做法，加强南越集团的作战能力，以实现"当地人打当地人"的企图。于是有计划的撤军开始了。然而，要真正将战争"越南化"政策落到实处，关键在于能否把越南共和国军队（即南越政府军）整合成一支能自行战斗的部队，按当时的情况来看，要实现这一目标还需要大量的时间。为了获得足够的时间确保计划的实施，美军决定进攻柬埔寨南部的越共庇护所。军方希望一次大规模的进攻可以扰乱越共军队的行动，使其在相当长的一段时间内无暇发动攻击。这样就

有充足的时间完成越南共和国军队的重建并为其提供足够数量的现代装备。1970年3月18日，美国策动柬埔寨朗诺——施里玛达政变，并于4月30日悍然出兵侵略柬埔寨，妄图以"短期决战"一举摧毁柬越边境人民武装主力和补给基地。最终，在"鹦鹉嘴"（越南南部延伸到柬埔寨的一个弧形地域）以及"鱼钩"（位于越南南部与柬埔寨接壤的一片狭窄地域）这样一些很刁钻的位置上，计划中的大规模攻势开始了。

需要指出的是，美军之所以选择这两个位置作为入侵柬埔寨的进攻方向，一个很重

▲ 一辆即将参加一次搜索行动的早期型M113。

▲ 1970年春季攻势期间，一辆在西贡郊外执行警戒任务的M113。这些驮包在一定程度上可以防御40毫米口径的B40（RPG-2）或是B41（RPG-7）反坦克火箭弹。

这是一辆被称为"粉红小猫"的M113。其特别之处在于加装了一门75毫米无后坐力炮。

一辆在车首装有M8A1扫雷推土铲的M48A3。由于推土铲的重量,这辆车的前悬挂被明显压低了。

要的原因是这里平坦的地形很利于机械化部队的施展。1970年5月1日,第11装甲骑兵团联合越南共和国军队在"鱼钩"西部地区相互配合发动钳形攻势。在这次战斗中装甲部队扮演了一个很重要的角色。他们的速度、装甲和火力优势使敌军措手不及、无法对抗,由于对美军的突然进攻准备不足,在美军残酷的雷霆攻击下,越共部队损失惨重,损失了大约2万人。更糟糕的是,美越联军通过拉网式的清剿搜索还发现了越共在柬埔寨的很多补给基地。然而,这些地方也成为了美国装甲部队对抗越共和北越装甲军团的最后战场。到了1970年6月底,出于政治方面的考虑,所有的美军部队开始渐渐撤离,转由南越政府队接管这些地区。不幸的是,虽然这场战役在战术上的胜利是毋庸质疑的,而且也在美国造成了广泛的影响,但在政治上的损失之大却完全超出了策划者们的意料——国内战争的反对者们不断地发表声明,美国"侵略"了一个中立国,以至于原定需要分成几个阶段进行的逐步撤军被大大提前了,战争的"越南化"进程开始变得草率,这最终造成了灾难性的后果。然而这些评论家从未解释为何越共军队会躲藏在柬埔寨地区,并以此为基地不断地袭击南越方面的目标,柬埔寨其实不希望越共军队进入他们的国家,但他们对此又无能为力。

▲ 来自第4装甲骑兵团的M48A3坦克正为西贡附近的南越部队提供火力支援。它的炮塔防盾上装有一个红外探照灯。

▲ "犹他山"行动中正在溪山附近等待前进命令的M48A3。原本应该装在机枪塔内的机枪被拆下装在了炮塔外部。

▲ 一辆"半埋"在战壕中的M48A3坦克被用来保护道路的安全。会享受的车组人员还支起了油布防晒。

▲ 这辆"谢里登"的炮塔装载了大量的子弹箱以供给机枪手使用。这些子弹箱被十分规整地用皮带固定在炮塔上。

就这样，美军从柬埔寨撤出，同时也意味着从越南大规模回国部署进入了关键期，战争的"越南化"阶段提前到来了。1970年到1971年，大约有30万美军离开越南。到了1971年，已有超过一半的战斗装甲部队回到了美国，剩余的装甲部队将被作为后卫部队完成最后的使命。他们在1971年支援南越政府军入侵老挝和蓝山719高地的战斗中，一如既往地扮演了一个很重要的角色[①]。此后，虽然大家也发现了将这些装甲部队留在越南的价值，但1972年春天印支三国武装部队联合对美军发动的规模宏大的春季攻势，更令尼克松政府吃惊。在那之后，美军开始大踏步地从所有后方区域撤出，留下的空白由南越政府军队接收。最后一支团级规模建制的装甲部队于1972年4月撤离越南，美军在越南的装甲力量部署行动就此结束。

[①] 1971年1月18日，尼克松同国防部长莱尔德、国务卿罗杰斯、中央情报局局长赫尔姆斯、国家安全事务助理基辛格、基辛格的副手黑格上校、参谋长联席会议主席穆勒上将开会，会上尼克松批准了一个重大的军事行动，即挺进老挝境内的车邦，进攻越南人民军，以切断"胡志明小道"，史称"9号公路战役"。

◀ 第25机械化步兵师第4营第C连的M132正在利用它的火焰喷射器进行夜间防御,并展开对抗越共的进攻。

▲ 一辆正在涉水上岸的M163自行高炮。

▲ 黑原山脉附近,一辆M548货车正在为一辆M48A3坦克进行补给。这辆M548由M113底盘衍生而来,具有良好的越野机动能力。

◀ 两辆M163和一辆M113停在一个村子进行休整。

▲ 返回基地后,车组成员要将他们的战车冲洗一番。这是美军特有的良好勤务习惯。

▲ 这是一辆身世坎坷的M113——先是被越共军队缴获后使用,然后又被美军M48A3击毁。

第七章

美国及盟国参战装甲部队 主要技术装备概览

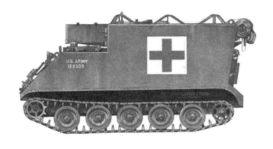

▲ 美国陆军在越战中装备的M557A1装甲救护车。

▲ 由普通M113装甲人员输送车改装而来的装甲救护车。

　　作为一个冷战中的天然武器试验场，美军向越南派遣了大量各种型号的装甲战斗车辆。但由于冷战中以欧洲为重的传统思维作怪，美军高层并没有打算将计划用于欧洲战场的一流装备大量派往越南，因此驻越美军装备的主战坦克型号并非当时最先进的M60A1，而是稍逊的M48A3"巴顿"。当然，作为一种战斗全重48吨，装备有90毫米M41加农炮的庞然大物，尽管通行性能存在与越南战场的实际严重脱节的问题，但凭借让人放心的装甲防护，以及皮实耐用的柴油发动机（移植自M60主战坦克），M48A3居然是那场战争中最受美国大

兵欢迎的武器之一。下面的战例就很能说明问题——顺化战役中一辆参加巷战的M48A3居然遭到120次RPG-2攻击，连续换了6次乘员，但主装甲未被击穿，坦克仍然保持着战斗力。当时发生的是巷战，火箭筒射手的射击角度受到极大的限制，120发未能奏效不足为奇。美军的那6名乘员并非因遭受战伤而被换下，RPG-2火箭弹在车体外发生的反复剧烈爆炸使他们的听觉和注意力受到了损伤。美军能前后6次换人，说明坦克占据有利地形，形成了有效防御。正确的装甲防护使用，使M48成为顺化战役中的巷战之王。而在溪山战役中，海军陆战队的

◀ 美国陆军装备的
M67喷火坦克。

◀ 美国陆军第5步兵
师第1旅第1坦克营C
连3排的M48A3"巴
顿"主战坦克。

M48A3更是以短兵相接的战术直接摧毁了2辆北越第202坦克团的PT–76水陆坦克。不过在顺化战役中以挡住越南第201、第202坦克团而闻名的南越第1装甲旅（第11、第17、第18装甲团）在1975年3月的西原战役后期也照样被围歼，损失的138辆装甲车辆里就包括M41/M48坦克和V100轮式装甲车。所以同样的武器，也要靠合理的战术才能发挥出应有的效能。

　　其实对越南战场的实际来说，十来吨重的轻型坦克要比50吨级别的主战坦克更能适应——之前的法国人最早意识到这个问题，所以在第一次印度支那半岛战争后期，法国远征军更多地依赖于美制M24"霞飞"轻型坦克而不是M4"谢尔曼"。当美国人来到越南后，他们同样注意到了此前法国人的经验，所以在第二次印度支那半岛战争初期，他们先是带来了

大量M24的升级版——M41"斗犬"轻型坦克，M41"斗犬"轻型坦克实际上是剔除M24"霞飞"设计瑕疵后的改进型，两者在性能上并没有本质差异，而越共方面却已今非昔比，即使不考虑越共大量装备的"B40炮"（RPG-2），美国军方也不认为这种火力贫弱的薄皮货有能力阻止越共军队T-34坦克群的推进[1]。从1967年开始，美国人就酝酿将最新型的M551"谢里登"空降坦克派往越南。这种想法最终在1969年如愿以偿。M551的本质是一种在必要情况下，拥有伞降部署能力的轻型坦克，远非纯粹的伞兵坦克（但也许打着"空降坦克"的旗号）。为了满足边打边撤的迟滞性战术目的，虽然强调通过卓越的战略机动性使其能够在第一时间增援前线，但其设计着眼点却像传统的美式坦克一样，重点在于强大的火力与作战持

---

[1] 二战结束后，苏联红军开始换装更新型的T-54主战坦克，所以战争期间生产的大量T-34作为剩余物资，被广泛用于援助全世界共产主义或是民族主义武装。朝鲜战争初期，朝鲜人民军正是凭借仅有的1个半装甲旅、150辆T-34-85便几乎将美军赶下大海，其间发生的几次坦克遭遇战，美军先遣队的少量M24轻型坦克不但没有讨到便宜，反而吃了大亏。

续性。其设计上的亮点在于能够发射炮射导弹的152毫米M81两用炮。虽然最终运往越南的M551拆除了昂贵的反坦克导弹发射装置，只能够发射普通炮弹，反坦克能力十分有限，但凭借XM625霰弹最终成为了恐怖的丛林杀手。

由于在潮湿泥泞的越南丛林中通行能力极佳，M551迅速成为了驻越美军在战争后期的主要装备，前后共有三百多辆M551服役于越南。然而，M551最致命的问题在于过于薄弱的装甲防护。由于战斗全重的限制，15吨的M551在遭遇反坦克火力袭击时很少能够像近50吨重的M48A3那样逃脱惩罚。在地雷与RPG密布的战场上，薄皮大馅的特点决定了"谢里登"战损率高得吓人。作为一个血淋淋的例子，1969年4月15日，第4装甲骑兵团第3中队卷入了一场小规模反伏击作战。作战中，鲁莽的驾驶员仍然用驾驶M48的方式驾驶M551，一路横冲直撞，不幸地压上了一颗11.2公斤重的反坦克地雷，按照以往的经验，M48压上这种级别的地雷顶多会损坏一两个负重轮，但这次驾驶员显然是忘了现在驾驶的可是不到20吨重的M551，结果不但负重轮被炸飞，车体前部被炸坏，存放于车体前部的弹药也被引爆，整个车组成员全部因为驾驶员的疏忽

而丧命。事实上，即使装甲防护更为薄弱的M113ACAV"骑兵战车"压上这颗地雷，下场可能也要比M551好不少，这其中的原因很简单——虽然近距离的12.7毫米机枪弹都有可能击穿其侧装甲，但M113ACAV车内毕竟没有什么大口径弹药，发生二次殉爆的可能性几乎没有，所以尽管车体会被炸得稀烂，但乘员仍有存活下来的可能。所以在越南长达4年的战火洗礼中，还没有任何一种坦克像M551这样得到了如此毁誉参半式的评价——由于强大的火力和良好的战略、战术机动性，美军中高级指挥官们往往对这种伞兵坦克推崇备至（特别是9号公路战役中，美军机步第5师1旅的一个M551坦克排连续击毁9辆63式水陆两栖坦克的战绩令人无可忽视）；但在硬币的另一面，需要亲自驾驶M551上阵的基层官兵们却对这种可靠性不佳的薄皮坦克心存一丝厌恶。

除了坦克外，驻越美军机械化部队的主要装备是M113及M113A1装甲人员输送车。这两种型号的主要区别在于A1型是柴油动力，而前者则是汽油动力。在美军卷入地面战斗的初期，M113甚至被经常作为轻型坦克的替代品使用，然而在这一过程中暴露出了火力不足及机枪手缺乏防护的问题。于是，作为一种

◀战斗巡逻状态的美国陆军M113ACAV装甲人员输送车。

权宜之计，M113ACAV骑兵战车应运而生。它为12.7毫米机枪的操纵人员增加了一个组合型的简易防盾炮塔，另在载员舱加装了两挺带防盾的7.62毫米M60机枪。除了M113ACAV外，工厂还制造了一辆原型车，两侧有对外的射孔，称为"XM734"，这种战车也被部署到越南战场测试。在M551来到越南之前，M113、M113A1、M113ACAV以及它们的变形车——喷火战斗车（M132）、装甲指挥车（M577）、后勤运输车（M548）以及30毫米自行高射炮（M163）等都是美国陆军在越南战场上使用最广泛的装甲战斗车辆。

美国陆军也在越南部署了大量自行火炮。其中敞开式的M107和M110实际上是使用同一底盘的两种亚改型。M107装备有一门175毫米口径的加农炮而M110则装备有一门203毫米口径的榴弹炮。虽然远程炮战能力出色，炮弹威力巨大，但其结构决定了炮组人员极易

▲美国陆军第84炮兵营A连装备的203毫米M110自行榴弹炮及M548弹药运输车。

西贡西南方的斯图亚特基地中一辆非常整洁的M110，后方的铁丝网可以有效抵挡B-40火箭弹的攻击。

▲ 175毫米M107自行加农炮的一名车组乘员正在享受难得的片刻安宁。

▲ 一辆M578装甲工程车正在吊运物资。机枪手正在警惕着可能的袭击，即便是再平常的任务也不可掉以轻心。

▲ 一辆M88正在吊运一辆因触雷而严重损毁的M48A3坦克残骸。

▶ 这辆M88装甲抢救车的乘员正在进行自我维修。

▲ 一辆M88装甲抢救车正在伴随作战车辆出击。

▲ "犹他洲行动"中，一辆M60AVLB机械化架桥车正在开往溪山基地途中。

受到敌军火箭弹和烟尘的影响。为了解决这个问题，通常需要提前在阵地上为这些火炮构筑掩体，以保护可能暴露在游击队火力下的炮组人员。相对于工作条件恶劣的M107、M110，拥有全封闭炮塔的155毫米M109A1自行榴弹炮是美军在越南使用更为广泛的自行火炮，然而由于亚热带气候原因，该炮的实际射程往往会下降到15千米左右，这使其不得不尽量靠前部署。此外，陆军的M56与海军陆战队的M50自行反坦克炮也被少量用于越南，然而尽管同样缺乏对炮手的装甲防护，而且采用了同样的底盘，但只安装有一门90毫米反坦克炮的M56在越南没能发挥什么作用，装有多达6门106毫米无后坐力炮的M50却凭借骇人的火力成为了扬威丛林的步兵杀手，并

最终以火力支援车的形象留在了人们的记忆中。但除了不顶用的M56之外，陆军也并非没有自己的法宝，陆军以40毫米口径的M42自行高射炮起到了类似海军陆战队M50的作用，其高速发射的40毫米榴弹成为了越共士兵的噩梦，在很多丛林防御战斗中，其提供的火力支援往往是不可或缺的，但敞开式的炮塔结构同样限制了这种装备的广泛使用。

相对来讲，由于糟糕的公路状况与潮湿泥泞的野外，越南战场基本上是一个履带式战斗车辆的天下，轮式装甲战斗车辆的使用并不普遍。除了少量试验车外，只有V100 4X4轮式装甲车被美国宪兵部队用于基地周边的勤务巡逻，虽然后轴断裂的问题时有发生，但凭借坚固的车体、良好的观通性能以

◀ 第25机械化步兵师
5营C连装备的20毫米
M163自行高炮。

▶ 防御作战中威力
相当可观的利器——
40毫米口径M42自
行高炮。

▲▼ 实战证明，40毫米M42自行高炮是非常有效的防御装备。   ▼ 在越柬边境执行搜索任务的40毫米M42自行高炮。

▲ 第560宪兵团装备的V100轮式装甲车。

▲ 第560宪先团第716营C连装备的M113ACAV。

◄ 一辆5吨卡车装载着一个从战损M113ACAV拆下的车体，作为简易装甲车执行警戒任务。

及高达900千米的作战行程，多用途的V100在战场上还是较受赞誉的。事实上，V100是美军在越南战场上使用过的唯一专用轮式装甲车辆。不过为了弥补其数量的不足，美军也将一部分卡车加装装甲和机枪，混编入运输车队执行护航任务。除了装在卡车驾驶室顶棚的12.7毫米或是7.62毫米机枪外，美军一般还会在车尾装备40毫米榴弹发射器，以弥补后部的火力死角。这些半路出家的武装卡车也许是越南战场上最不寻常的装甲战斗车辆了。当然，由于大多数这类武装装甲卡车都是前线士兵的即兴之作，所以完全谈不上什么制式化，但几次实战表明其效果出奇的好（越共士兵往往将这些改装后的武装卡车当作寻常的"软皮车"下手，结果可想而知），所以美军中高级军官们对这种明显与条令不符的作法也就持一种默许的态度——不鼓励，但也不干涉。

令很多人意外的是，在越南战场上除了美国陆军以及海军陆战队外，美国空军也拥有自己的小规模装甲力量。这支小型装甲力量的起源是这样的：面对着接连不断的对其空军基地和设施的威胁[1]，美国驻越空军部队于1965年初组建了一批安全部队，借以提高基地周边

---

[1] 越南军民对付美国空袭的另一个办法，就是去袭击美军的空军基地和机场，把美国飞机大批报废在窝里。例如，自1963年9月至1965年5月，南越人民武装先后对美军机场进行了9次大袭击。最大的有这么几次：1963年9月9日的朔庄大捷，击毁美直升机五十多架，消灭敌人一百多名；1964年10月31日的边和大捷，炸毁、炸伤美机59架；1965年2月7日的波来古大捷，击毁美机42架。仅从1965年6月至1966年4月的10个月中，人民武装又对边和、朱星、富利等8个机场进行了袭击，共击毁敌机806架。

▲ 一辆来自560宪兵团的M151吉普车正在巡查19号公路的安全。车体上喷涂的名字是"加利福尼亚做梦者"，前面的装甲挡板带有铰链式的车篷。

▲▼ 第18宪兵旅的V100正在进行安全检查。第18宪兵旅包括6个营，而这辆车属于第93营。

▲ 美国空军安全部队装备的V100。注意车身上的击杀标记。车辆的颜色是草绿色、黄褐色和黑色。

▲ 两辆可能属于宪兵部队的V100轮式装甲车在从波来古市到安溪的公路边进行警戒。

▲ 这辆自行DIY的5吨M54装甲卡车属于美国陆军第27运输营。

▲ 这辆2吨半M35卡车装备了一挺4联装高机。

▲ 美国空军安全部队装备的M151吉普。

▲ 美国空军安全部队装备的M113。

▲ 美国空军安全部队装备的M113清障车，被用于清理残骸或向着火的飞机或直升机喷洒泡沫灭火。

◀ 一辆M56自行反坦克炮正在猛烈开火。这种轻型装甲车辆的最大缺陷在于乘员无法得到很好的防护，所以在越南战场上用途有限。

的安全。由于最初没有适合的车辆，空军只得将一些卡车配发给其安全部队，但他们很快就在实战中发现这种作法是极为草率的。到了1965年9月，又有一批武装M151吉普车（在前后分别加装12.6毫米M2机枪，侧面还装有一挺7.62毫米M60机枪）加入了空军安全部队的战斗序列，这些武装吉普车作为快反巡逻车也许尚能一用，若与大股游击队交火恐怕就不明智了。最后空军只能申请从陆军调拨一部分M113和V100来充实自己的机场安全部队。

不过，陆军方面认为他们的部队已经能够为空军基地提供很好的安全保障，空军完全没有必要自己再组织安全力量，因此拒绝了空军的请求。结果，嘴皮官司一直打到了参谋长联席会议那里，直到半年后空军才得到了想要的装甲车（115辆M113、31辆V100）。虽然空军安全部队此前并没有使用装甲战斗车辆的经验，但通过一段时间的摸索，已经能

够将这些重型地面作战装备融入到他们的战术中。也许空军得到的这些装甲作战车辆按照陆军的标准或许有这样或那样的不足，但相对于空军安全部队的反骚扰任务来说，却表现得十分称职——在美空军安全部队实现了装甲化之后，越共偷袭机场的小股渗透部队损失陡然间增大了好几个数量级。作为最晚部署到越南的一支装甲力量，当美军于1973年3月全部撤出后，空军安全部队没有选择将他们来之不易的装甲车运回国内，而是全部留给了南越政府军。

当然，同朝鲜战争的情况一样，越南战场上美国人依然纠集了一些盟国军队共同作战。但除了泰国、南朝鲜（韩国）、菲律宾以及澳大利亚外，这些盟军中的大多数并没有派遣装甲部队参战。不过，泰国和韩国都只派出了少量的M113，只是宣称在必要情况下会将M41轻型坦克运到越南，而菲律宾的装甲车更是从来

没有运用到战斗区域只是负责基地周边巡逻。除了美军和南越政府军外，真正较大规模使用装甲部队的盟国只有澳大利亚（1964年6月8日，澳大利亚国防部长应美国的要求将现有的兵力扩大一倍，由30人增加到60人。此后孟席斯政府于1965年4月29日宣布再派一营军队去南越。同年5月和6月，约1500名澳军到达南越，驻防边和，并被编入美军第173空降旅。1966年2月美国副总统汉弗莱访问澳大利亚，要求提供更多的援助。澳总理赫尔特于3月8日宣布澳大利亚在越南的兵力增加两倍，达到4500人）。虽然澳大利亚驻越军队也装备有M113装甲人员输送车，但要将澳大利亚装甲兵区分出来还是很容易的——他们还装备有120辆与众

不同的"百人队长"MKⅢ主战坦克。尽管这些"百人队长"坦克的机械和电气系统比M48A3坦克复杂得多，而且流星汽油机功率有限，油耗高，发动机冷却系统以及空气滤清器故障频频，但炮塔前正面152毫米厚和车体正上方118毫米厚的均制钢装甲带来的良好抗弹性以及合理的车体结构、内部设备布置使它具备了良好的战场生存能力。"百人队长"的坚固装甲与M113的不堪一击形成鲜明对比。越共部队很快就发现，要想消灭一辆"百人队长"是很困难的事。到了1971年年初，澳军防区的越共部队甚至撤出了这片危险区域。不过随着澳军于1971年9月全面撤离越南，"百人队长"并没在越南留下太深的印记。

▲ 一辆被称为"酒精猎犬"的1969年美国陆军M113。

▲ 南朝鲜（今韩国）侵越军"白虎"团装备的M113。

◀ 正在接受检阅的南越M41装甲纵队。这支部队的任务是解救被围的南朝鲜"白虎"团的一个M113机械化营。

◀ 战斗巡逻中的澳大利亚皇家陆军"百人队长"MK5主战坦克。虽然数量稀少，但"百人队长"MK5在越南战场上的表现被认为要优于M48A3。

◀ 一辆被称为"吉利"的澳大利亚皇家陆军第3骑兵团B中队的M113。

◀ 一辆澳大利亚皇家第1坦克团C中队的被称为"厄运"的"百人队长"MK5主战坦克。

第八章

战争中后期南越装甲部队的
重新武装及最终覆灭

◀ 这是一辆越南
共和国（南越）于
1965年自行"制
造"的轮式装甲车。
这辆所谓的南越"国
产"装甲战斗车辆似
乎是用V100的散件
组装而成。

随着美军的全面介入，南越装甲部队于1965年年底开始接受重新武装——规模增加到了24个营，训练强度被提升到与美军部队同样的水准，除了继续接受M113装甲人员输送车外，法国人留下的那些M24轻型坦克也逐步被更新一些的M41所取代，美国海军陆战队甚

至还向南越陆军移交了大约95辆M48A3，这是南越陆军所拥有过的最重型的技术装备。虽然此后美军开始发动大规模地面行动，但由于美军顾问和西贡政府都认为越南共和国军队还需要更多的训练才可以胜任美军所承担的作战任务，所以大多数情况下南越装甲部

▲ 南越陆军第3装甲侦察团装备的M24"霞飞"轻型坦克。

◀ 南越装甲部队的
M24在大门外对位于
法国公墓中的的越共
游击队发动攻击。坦
克被涂成淡红褐色、
草绿色和黑色。炮塔
上的名字可能是取自
当时在越南战斗开始
后开播的由维克·莫
罗主持的"战斗"系
列电视节目，这个节
目主要在西贡地区为
越南人和美国人报道
战斗情况。

◀ 1968年春节期
间，南越装甲部队的
M24轻型坦克和美国
空军安全部队一起搜
索空军基地附近的越
共游击队员。

队只是执行搜索警戒之类的辅助任务。

　　情况到了1968年1月开始有所变化。面对越共部队的春季攻势，南越装甲部队终于在边和、顺化等地开始与美军并肩作战。在西贡郊外，南越装甲部队驾驶M113和M24与他们的美国盟友一同成功地抵挡了住了越共游击队的骚扰，并在堤岸大道上给敌以重创。在顺化，南越第1装甲旅与越共部队进行了长达1个月的艰苦鏖战，由于战况胶着，空军部队无法实现有效支援，但南越装甲部队还是坚持到了将最后一个越共士兵逐出防区。在新山的空军基地，南越空军部队甚至驾驶着陆军替换下来的M24坦克打退了越共部队对基地的突袭。通过这些不间断的残酷战役，南越装甲部队展现出了他们单独对抗大规模敌军的能力，其蒸蒸日上的劲头令人刮目相看。到了1970年，面对美军主力早晚撤出的现实，南越装甲部队不得不开始在战争中扮演一个新的角色。为了巩固柬埔寨朗诺政权和减轻南越

阮文绍政权面临的威胁，美国总统尼克松决定入侵柬埔寨，摧毁柬越边境的越南人民军和越南南方人民武装力量根据地。1970年4月28日至6月30日，美军和南越伪军执行了这一入侵行动。虽然美军于6月尽数撤离，以装甲机械化部队为主体的南越军队仍然在柬埔寨保持进攻态势直到7月结束。尽管这些行动对于提高军队的士气和信心很有帮助，但是南越政府的很多高层却对自己的军队产生了一种盲目的骄傲自满，这直接导致了几个月后9号公路上的大溃败。

　　由于在柬埔寨境内的补给基地被破坏，越南北方对南方的支援和补给都必须通过老挝境内的"胡志明小道"。破坏"胡志明小道"就成了美国下一个重要目标。1971年1月18日，尼克松同国防部长莱尔德、国务卿罗杰斯、中央情报局局长赫尔姆斯、国家安全事务助理基辛格、基辛格的副手黑格上校、参谋长联席会议主席穆勒上将开会，会上尼克

▲ 南越空军地面安全部队装备的M113 ACAV。

▲ "蓝山719" 行动中，南越第1装甲旅装备的M41轻型坦克。

▲ 从1964年中期开始，南越装甲部队开始用M41逐步取代M24轻型坦克。

松批准了一个重大的军事行动，即挺进老挝境内的车邦，进攻越南人民军，以切断"胡志明小道"。同时，西贡政权也想表明"越南化"是多么成功、南越军战斗力已经大为提高，于是入侵老挝境内的作战将由南越军单独担任。美军只负责提供空中掩护和炮火支援，用直升机运送部队和物资。最终，为实现战争的所谓"越南化"，并在撤军前取得有利态势，在侵略柬埔寨、恢复轰炸越南北方的同时美军和西贡军队开始策划了"蓝山719"行动。企图切断越南人民武装的战略运输线，摧毁位于车邦、孟农地区的越南人民武装后方根据地。

"蓝山719"计划集结四万余人、七百

余辆坦克装甲车辆、四百多门大口径火炮和一千余架各型飞机，以9号公路为攻击轴线，分三路采用坦克装甲车突进和直升机机降的战术发起攻击，并在2日内占领班东和车邦，一周内占领车邦周围高地和塔空机场，然后进占下寮地区，赶在雨季到来前结束战役。这次行动的目的不在于夺取地盘或是给养，而在于尽可能地破坏和切断"胡志明小道"本身。在整个旱季延缓越南北方的物资和后勤运输，以便减弱越军1972年攻势的锋芒。为此，南越伞兵第1旅和装甲骑兵旅（即南越第1装甲旅）将沿9号公路实施主要突击，矛头直指班东、车邦，一旦得手，就在南北两路兵力配合下夺取周围高地，破坏越南人民武装的

▲ 一辆正在架设简易便桥的M113装甲架桥车。

战略后方基地。在北路，由南越第3伞兵旅和第1别动团乘直升机占领班东以北543、500等高地，尔后占领车邦以北590高地，切断越南人民武装沿16、18号公路南下的通道，同时为中路确保侧翼安全。南路为南越第1步兵师，首先以两个团的兵力机降至9号公路南侧的550、640等高地，尔后占领车邦以南723、748

等高地。南越第2伞兵旅为伞兵师预备队，配置于溪山，随时准备机降抢占塔空机场及其周围高地，建立空中支援基地。南越海军陆战师（欠第369旅）为战役预备队，等待占领车邦后投入战斗，协同攻击下寮地区。美军机步第5师1旅占领溪山作为支援。美军和南越军队的战役指挥部设在东河，前进指挥部位于溪山。

不幸的是两大主要问题改变了这次行动的命运。第一，行军纵队的开进被地形严重限制。道路破旧不堪，周围的地形大多是陡峭的山地，这使得大部队行军非常困难，遭遇攻击时无法作出及时的反应。第二，南越军队自恃拥有大量的装甲机械化装备，头顶又有美军的直升机和固定翼飞机提供支援，这使得南越部队的精神松懈了下来。南越第1装甲旅在1971年2月8日发动了第一次正面进攻，而第1伞兵旅则在空军的配合下于2月10日以成功的"蛙跳"占领了班东。然而，最初的胜利之后便是北越武装力量凶狠的反扑。缺乏重装备的第1伞兵旅的着陆场（即第13号着陆场）很快在北越重兵围剿下告急，迫使第1装甲旅转移进攻方向支寻求援。与此

◀ "蓝山719"行动中，美国陆军第5机械化步兵师第1旅的3辆M48A3"巴顿"主战坦克正待命出击。

▲ 一辆南越装甲部队的40毫米M42自行高炮正在9号公路狙击越共部队以掩护其他部队的撤退。

▲ 一辆203毫米M110自行榴弹炮正在警惕地转移阵地。

同时，北越也派出了第202坦克团加强对13号着陆场的攻势。到2月19日南北双方的装甲部队发生了面对面的"碰撞"。在这场越南战争中难得一见的装甲战中，由于北越方面相对来讲还是缺乏对机械化装备的战斗使用经验，胜利的天平不可避免地向南越装甲部队一方倾斜了。此战中，北越第202坦克团共有6辆T-54和16辆PT-76被击毁，而南越第1装甲旅却没有损失任何一辆M41。然而在接下来的时间里，北越军队并没有因为装甲战的失利而停止进攻，当天下午就以290名士兵阵亡的代价攻占了这个至关重要的着陆场。南越第

1装甲旅被迫撤退，1辆M41和9辆M113仅仅因为机械故障或是轻微战损而不得不被就此放弃，落入了越共之手。

战至1971年3月7日，南越军虽然勉强占领了早已是一片废墟的空镇车邦，但由于伤亡过大，部队士气一落千丈，南越总统阮文绍和国防部只得于3月9日下令部队全线"有秩序、有尊严"地撤退。撤退很快在北越部队的追击下变成了全线溃逃，面对两侧高山上层层伏击的越共部队，恐惧开始在南越军队中蔓延，坦克、装甲运兵车、炮兵部队纷纷没有任何章法地逃命。由第1步兵师、第1别动团、第1装甲旅组成的装甲特遣队损失了60%的坦

▲ "蓝山719"行动中，一辆美国陆军第5机械化步兵师的M551"谢里登"正在待命出击。

克和一半以上的M113装甲运兵车，还丢弃了54门105毫米榴弹炮和28门155毫米榴弹炮，最后只得靠已经忙得不可开交的美军航空兵登场来擦屁股，摧毁这些被丢弃的重装备，避免其落入越共之手。到了1971年4月8日，越战历史上规模最大的地面空降作战终于落下了帷幕，南越政府军共有3个旅、4个装甲团、8个炮兵营被歼灭，4个旅被重创，损失兵力两万余人（其中俘虏1100人）。其中南越参战装甲部队伤亡率高达40%，520辆各型装甲战斗车辆被摧毁或是落入敌手。曾在入侵柬埔寨的战斗中好不容易建立起的高昂士气一下子荡然无存，直到战争结束，南越部队的元气也没能再恢复过来。

"蓝山719"失败后，为了配合巴黎谈判，尼克松于1971年12月又下令对北越的军事目标进行狂轰滥炸。美军出动了100架B-52轰炸机和四百余架其他战斗轰炸机，不分昼夜地对北越的河内地区实施轰炸，企图迫使北越在谈判桌上作出让步。然而到了1971年年底，美军的侦察和情报部门发现，北越军队正在其北越、老挝和柬埔寨的庇护所内进行大规模后勤供应物资的集结。这些明显的进攻迹象中，最引人注目的是苏制的T-34、T-54和PT-76坦克和数量空前的130毫米野战火炮的出现。结果1972年春天，印支三国武装部队联合对美军发动了规模宏大的春季攻势。事实上，此次北越的进攻部队共有12个师、

◀ 一辆在非军事区附近的M48A3装备了前线部队自行设计的扫雷器。它实际上是由损坏卡车上的大梁与M48的负重轮构成。这些装置获得了一定的效果，但是作为一种非制式装备无法获得官方的认可。

▲ 正在非军事区执行战斗巡逻任务的南越装甲部队的M113。这些装甲运兵车来自第南越第7装甲骑兵团。车辆两侧的厚木板用于在沼泽中机动时遇淤陷后的自救。

▲ M113带着援军开过东哈河（东哈河实际上是湄公河的一条支流）。该车布置了大量伪装物，在与北越部队的战斗中由于非常需要隐蔽，所以这种措施很常见。

13万人，几百辆由苏联提供的T-54、T-34和PT-76坦克分四路纵队出击。这支庞大的军队在4个战线均占压倒性优势。南越军高级指挥部对北越此次进攻是有戒备的，这与1968年春节攻势时的情况是不一样的。情报部门发挥了作用，他们曾预计北越将在1972年初的某一时间发动进攻。然而，由于1972年的春节已过，美军和南越军多少有点放松警惕。北越军将进攻日期又推迟了两个月，这样，武元甲将军便使盟军感到河内可能改变了主意。然后他利用盟军疏于戒备，发动了一场比盟军预料中的规模大得多的常规进攻作战。1972年3月21日，北越人民军4个整编师，在大批坦克和大炮的掩护下，突然冲进了广平省的非军事区，对非军事区（DMZ）内的南越据点发动全面奇袭。恶劣的天气对北越是有利的，在最初几天里，低云和大雨阻碍了美国和南越飞机的活动，使得北越军将南越军第8师击退。北越军的进攻部队长驱直入，一直打到广治市郊外。

此时广治防区内，南越方面执行守备任务的是新组建的第3军——这是一支由刚刚应征入伍者、心怀不满者以及成绩不好的新兵组成的部队。由于当地的恶劣天气，空军支援

▲▼ 部署在88号高地的155毫米M109自行榴弹炮在轰击越共阵地。

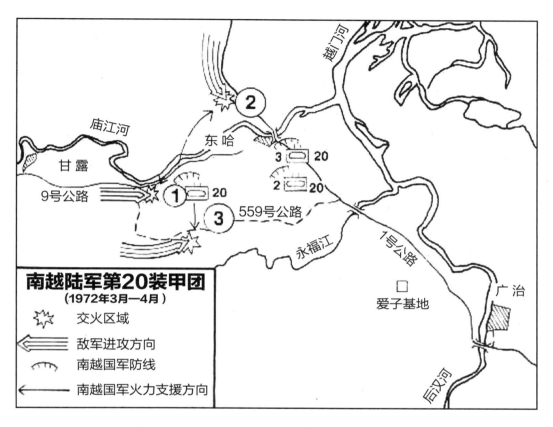

▲ 最后的装甲王牌——南越陆军第20装甲团在1972年3月—4月的战斗历程：（1）1972年4月1日，南越第20装甲团阻止住北越部队来自甘露地区的进攻；（2）4月2日在东哈地区，第29装甲营击毁了9辆PT-76和2辆T-54；（3）击毁或击伤8辆T-54。

无法开展，结果可想而知。在越共部队重炮的轰击和T-54坦克的轰鸣声中，第3军迅速崩溃，丢弃了大量的武器、装备、车辆，一路向南逃去。惊慌失措的西贡政府只得派出一个海军陆战队旅前往北方非军事区狙击敌人，同时将另一个新组建的M48坦克团——第20装甲团调往湄公河左岸担任战区预备队。令人稍感欣慰的是，这支原本不被看好的装甲部队居然打得还算是有声有色，在一定程度上稳住了南越方面的阵脚。1972年4月2日，南越第20装甲团的两个M48装甲连在巴敦西部击毁了北越2辆T-54和9辆PT-76，而自身没有任何损失。1972年4月9日，南越第20装甲团又在一

系列遭遇战中摧毁了16辆北越T-54而自身仍然没有损失。相对当时混乱的情况来说，这简直就是个奇迹。就这样到1972年4月中旬，广泽附近的前线依然保持了僵持态势，为南越方面组织反击争取了大量时间。此后，北越部队凭借苏联紧急空运的AT-3反坦克导弹，在湄公河沿岸连续击毁了9辆对此毫无准备的M48，南越第20装甲团的防线才告松动。

第20装甲团在遭遇意外损失后被迫撤退，并在这一过程中损失掉了大部分M48——它们中的大多数并不是被北越坦克击毁的，而是在一片混乱中因燃料耗尽或是桥梁被毁而只能被忍痛放弃。但即便如此，当第20装甲

▲ 1972年3月广治地区的南越装甲部队的M48A3。

团残部到达安禄时，他们还是在之前的战斗中击毁了北越方面超过90辆T-54和PT-76，从而取代第1装甲旅成为了战争后期南越的装甲王牌。但此后战局再次恶化，北越部队从靠近柬埔寨的平隆省跨过边境，向安禄和金边及西贡间的13号战略公路逼近。北越军在坦克支援下，攻占了禄宁，包围了重要的省城安禄，并想方设法在距西贡37英里的真成封锁13号公路。与此同时，在中部高原地区又开辟了第3战线。北越军装甲部队在达多和新景两地全歼了南越守军。他们摧毁了好几个南越的火力基地，并切断了14号和19号公路，使波莱古和昆嵩两地陷于孤立。南越和助战的南朝鲜军（即韩国军队）为了打通这两条公路，在这一地区与北越军进行拉锯战。在昆嵩附近，北越的T-54和AT-3反坦克导弹和B41炮（即中国援助的69式40毫米反坦克火箭筒）击毁了南越守军的全部11辆M41坦克，使得城市陷入危险中。最后一条战线位于沿海的平定省和广义省。越共军队用坦克进攻昆嵩市，并占领了沿海的平定省。

然而，越共部队在此次春季攻势中的好运气至此也就全部用光了。在本应由北越装甲部队协同步兵对安禄的进攻中，南越方面发现那些T-54身边居然没有出现步兵的身影，结果南越守军凭借空中支援及M72反坦克火箭筒，击毁了超过70辆北越坦克，越共方面进攻的势头终于被遏制住了。此后，南越部队开始发动反击，召集大量海军陆战队、突击队和伞兵部队的精锐部队实施进攻，最后以重新休整后的南越第20装甲团为主要机动兵力，通过抢占13号公路迫使北越将大部分部队撤回了柬埔寨。北越发起的这次1972年春季攻势中，严重的失误使得双方的资源都变得紧张，虽然在战略上北越方面还是达到了

▲ 南越装甲部队的一辆M48A3正在赶去支援南越伞兵部队。

▲ 1972年9月驻守中央高地的南越装甲部队的M41轻型坦克。

▲ 1972年春季北越
部队进攻中，一辆掩
体中的M41被部署
在东哈河岸边。在这
场战斗中大量的北越
T-54/59被M41的
76毫米火炮击毁，直
到北越步兵以人海战
术击溃守军。

◀ 隶属于南越空军
安全部队的M24坦克
停放在哈罗德矿区空
军基地大门口。

粉碎美国战争讹诈政策的目的，但却也无力
再战。从而促使交战各方于1973年1月27日在
"关于在越南结束战争、恢复和平的巴黎协
定"上签字。"巴黎协定"生效后，美国被迫
于1973年3月将美国地面部队撤离越南，但以
"文职人员"的名义在南越留下两万五千余
名军事人员，并在南越附近地区保持相当规
模的海空军部队，继续推行其战争"越南化"
政策。而此时，南越西贡当局还拥有110万人
的军队，又有美国海空军的支援，仍不甘心失
败，准备继续蚕食解放区，并伺机向北越人民
军反扑。

　　然而，根据美国军方的安排，最终南越
陆军必须独立承担起南越境内所有地面战斗
任务，但以南越军方的能力，维持高达24个装
甲营的正常运转已经十分艰难了，驻留多年
的美国顾问组好不容易将这些部队的组织工
作整顿得井井有条，但在美国人撤离几个月
后，立刻回到了混乱无序的老样子。对于历史
不长，而且一直在美军羽翼下受到庇护的南
越装甲部队而言，当必须独立解决自身问题
时，缺陷立刻暴露了出来。由于美国决定把这
场战争最终转为越南人自己的战争并抽身而
出，因此南越装甲部队在短时间内接受了美国
军方移交的大量装备物资，扩充的速度大大
超过了南越装甲部队自己所能消化的程度。
1973年1月27日停火时，南越装甲部队拥有超
过17种共3178辆装甲战斗车辆，35个装甲营
和42532名官兵。非常明显，南越装甲部队根
本无法做到让这么庞大的一支力量有效地运
作，但美国军方做出这样的决定则是基于以
下理由：首先，尽管超出了南越陆军能控制的
水平，但假以时日，南越陆军也许能将这支庞

▲ 南越士兵正在清洁一辆M113上的106毫米无后坐力炮的
炮膛。

大的装甲力量转化为有效的战斗力；其次，根
据停火协议的补充条款，美国不能再向南越
提供更多的作战装备，只能按照一对一的数
量更换南越的作战装备。因此，对于南越此时
拥有的庞大武器数量而言，遵守这条条款对
南越没有实际上的影响，有利于说服阮文绍
同意停火协议。

　　在签署停火协议后的两年中双方边境的
军队相安无事并没有发生大规模的战斗。但
到了1974年底，北越又在边境集结起足以发
动大规模攻势的兵力。然而，西贡方面却认
为，北越的主要攻势将在1976年发动，目的是
为了抵消南越计划那时进行选举的努力。虽
然种种迹象表明，北越决不会放过任何有利
的进攻时机，但对于1975年将要到来的北越
进攻，西贡认为这不过是一次规模有限的行
动，目的是改善北越陆军在第二军区的军事
态势。因此，在第三和第四军区将不会有任何
北越陆军的大规模攻击。另一个原因是此时
雨季即将来临。不过西贡认为，第一军区可能
遭到主要攻击，因为旱季第一军区地域的道
路十分适合装甲部队运动。1974年12月和1975

年1月，形势持续不利。北越不仅集结了庞大的兵力，更储备了至少可供部队消耗15到20个月的物资。不过，此时在第一军区的战斗并不激烈。尽管西贡方面估计北越已经在边境非军事区集结起至少6个师的兵力，源源不断的北越军队还切断了通往归仁的主干道——19号公路。北越的目的非常明确，孤立并包围中央高原的南越主力并逐个逐个地吃掉。但和以前的几场战争一样，第二军区地域还是成为了双方战斗的焦点。一直以来，旱季时第二军区就是北越进攻的主要方向。南越面临的形势持续恶化，1月6日，福隆省的省会平福市（phuoc binh）陷落，标志着自越南战争以来南越丢失了第一个完整省份。在攻下福隆省后，北越军队向西宁逼近，并威胁着通往西贡的门户——13号公路。边和机场遭到了越来越密集的高爆榴弹和火箭炮的攻击。在3月的大规模攻势前夕，北越军队在进攻位置、部队集结、物资准备上均占有充分的优势，估计此时北越至少有1个师处在进攻出发位置上，而国内的7个预备师也能在数周内动员完毕，后勤和物资储备均已到位。由于停火协议，曾经有效地阻滞了北越集结进攻兵力的美国战略轰炸，现在也早已不存在了。所以，虽然南越此时在武器数量和兵力数量上均占有优势，但西贡政府内从上到下都弥漫着一种失败的情绪。这种未战而先有的挫败感，主宰了今后6个星期内南越最终的战争。

1975年3月9日夜，北越陆军大举进攻邦美蜀。短暂的炮火准备中4000发炮弹打进了这座城市，随后在坦克引导下的步兵开始进攻。天色破晓时，一半的城市已经陷落，而在日落前两座机场均被占领。南越空军共出动

▲ 南越陆军第20装甲团的一辆M48A3正沿9号公路大道向东哈附近机动。

了超过200架次支援苦守的南越陆军第23师，尽管阮文绍总统下令不惜一切代价守住邦美蜀，但在14日这座城市还是落入北越之手，第23师被全歼。随着邦美蜀的陷落，第一和第二军区司令官达成共识，这是一场北越的全国性大规模攻势，北越陆军将孤立中央高原，直插海岸线，然后沿海岸获取北方自海上送来的补给来保持持续进攻能力。事实上，北越也对在如此短的时间内轻易拿下邦美蜀大吃一惊，这一胜利让他们重新估计了对手的力量，加快了统一全国的步伐。1975年3月14日，阮文绍总统在金兰湾召开高层会议，讨论下一步的战略。会议讨论的结果是，阮文绍总统决定放弃波来古和昆嵩，以缩短防线并节省兵力用于邦美蜀方向的反攻。但是，第二军区司令官傅（phu）将军却把这一命令理解为立刻从波来古和昆嵩撤退。尽管这道命令的原意并非要求立刻撤退，而是在3月的下半月逐步进行撤退，但和"蓝山719"行动一样，全面的撤退最终演变成了一场灾难。1975年3月14日晚，第二军区司令官傅少将发布了从这一地区立刻撤退的命令。第二军区总司令

▲ 一辆南越装甲部队的M41通过东哈附近的一个村庄，前去防御敌军的一次侧翼进攻。车身下部的土耳其数字在黄色的车身上是黑色的。通常情况下这种数字前都有一面越南旗帜的图案。

▲ 南越坦克的车组人员在与北越部队交战后，在湄公河边进行休息。最终他们大都会被摧毁于这次漫长的战斗。

部将立刻撤退至芽庄，同时第二军区副总司令将作为后方梯队总指挥官。由于到归仁的19号公路被切断，逃离的军队和难民不得不蜂拥向一条尚未建成的公路和其它小路。南越空军尝试对他们进行空中支援，但赶到的北越军队却用炮火猛烈炮击逃散的军队和难民。因此，似曾相识的一幕再次重演，一路顺着海岸线溃退。由于缺乏上级明确的指令，军队不知道什么时间撤退，或是撤退到哪里。平民混杂在军队之间更使得队伍杂乱无章。几乎没有保留下任何完整编制的有战斗力的部队。包括曾经大名鼎鼎的第1装甲旅在内，大量的军队陷入无组织状态，恐慌情绪快速在大量有相同遭遇的部队之间传播。当遭到北越执行穿插任务的少量坦克袭击时，南越部队干脆成了惊弓之鸟——尽管实际情况是他们所拥有的坦克要比越共部队多得多，但没有人意识这一点。结果，当这些溃军到达目的地时已损失了超过300辆坦克和大量的M113——它们中的绝大部分并非毁于战斗，而是在"逃难"中因为各种原因被白白放弃了，南越装甲部队此时实际上已经不复存在了。

自波来古撤退后，第二军区将总司令部设在芽庄。此时第二军区的战略是，尽可能延长防守的时间，迟滞并消耗北越陆军，最终从芽庄撤退到西宁市的防线为止。这条防线将是南越人口最密集和最富庶的地区的最后一道屏障。第二军区计划，在将部队撤到这条缩短的战线后，将组织起有效的防御，给予敌军重大杀伤，同时也争取了更多时间，有利于达成停火协议。但随着岘港的陷落，沿海城市一个个的快速陷落。1975年3月26日，溃逃的南越第2师将曲来（chu lai）拱手送给北越。此时，北越境内担任战略预备队的几个师开始快速向南进发。进攻开始时北越投入了约13个师，而此时在南越境内已经是北越几乎全部力量——超过19个师近32.5万人。在北越部队利用坦克包围了顺化和道南后。南越方面曾经努力集合了最后一部分尚有建制的装甲部队企图支援守卫这两座城市。但在最后时刻总统下令放弃顺化集中部队到道南，在他们失败后又要求他们返回顺化。这些冲突的命令导致部队混乱和分裂，很快这些仅存的南越装甲部队处于了无指挥状态。大量

◀ 整个T-54坦克纵队的履带在进攻西贡北部的安禄时都被击断了。进攻春禄的战斗中，北越坦克部队缺少步兵配合而被南越步兵的反坦克小组用M72反坦克火箭轻易地摧毁了。

坦克装甲车被无故放弃。两座城市在未开一枪的情况下沦陷。

此后，在南越越共游击队的协助下，北越人民军在沿海岸1号公路上摆出了一条由T-54坦克和63式装甲人员输送车组成的绵延数公里的机械化纵队，直扑西贡最后一道门户——春禄。在春禄外围，由于所有的装甲部队已在此前的溃退中已损失殆尽，除了有两个连的南越步兵凭借M72反坦克火箭摧毁了9辆突出冒进没有步兵伴随的北越T-55外，南越方面已不再有任何办法阻止这头钢铁长龙

了。1975年4月22日春禄陷落后，战争已经注定，任何继续抵抗都是无意义的了。北越部队扫平了通向西贡的最后的障碍。最后的行动发生在4月的最后的一个星期，这时南越方面几乎没有任何援军到来或是进行反抗。北越部队快速地进入了这座首都城市。在1975年4月的最后一天，一辆编号为843的俄国造T-54坦克进入了南越总统府的大门并占领了这座白色的建筑。而此时在这座宫殿的周围，围满了北越人民军的T-54坦克以及被俘的M48和M41坦克，这场漫长的战争到此结束了。

第九章

北越装甲部队战斗历程小传

随着第一次印度支那半岛战争的胜利，越盟部队修复了一些缴获的M24坦克，但由于缺乏训练和技术保障，他们在这次战争中自始至都没有运用过这些战利品，只是将其作为教练车用于教学。越南民主联盟随后改组为越南民主共和国人民军，并于1958年开始正式组建自己的第一支装甲部队——第202坦克团。所装备的坦克包括苏联援助的T-34中型坦克和PT-76水陆坦克以及少量T-54主战坦克。

不过，由于PT-76这种轻便薄皮的"铁罐头"相对来说较为适合在东南亚亚热带复杂地形下进行作战，所以在第二次印度支那半岛战争的大部分时间里，PT-76成为了越南人民军装甲部队最普遍使用的作战装备。1962年，越南人民军装备的PT-76水陆坦克在老挝北部战场首次亮相。但北越部队第一次真正意义上运用装甲部队，则是在1967年攻打兰维镇美军后勤基地时使用了9辆PT-76坦克。这次北越坦克的突然亮相使得防守该地的南越十分

◀ 由北越军队自行改装的M1967（美军情报编号）水陆装甲车。底盘来自战损的PT-76。

惊讶，坦克几乎是轻而易举地攻破了敌军的外围防线。但随后带着绿色贝雷帽的美国军事顾问集结南越突击部队以M72反坦克火箭发动反击最终打退了PT-76。北越第二次运用装甲部队是在1968年2月围攻溪山时，越南人民军指挥部投入了第202坦克团对守卫溪山的美国海军陆战队实施包围，并抽调16辆PT-76进攻老山高地。但这并非是一次成功的坦克突袭，战斗中先是一辆PT-76坦克于慌乱中撞上了己方的另一辆PT-76，惊动了防守的美国海军陆战

▲ 溪山战役中被美军M48坦克击毁的一辆PT-76坦克，它隶属于北越第16军第202坦克团第4营。

▲ 1972年春季被南越军队俘获的一辆北越T-54主战坦克。

▲ 被俘获的北越63式装甲人员输送车。

▲ 1972年春季攻势中北越第202坦克团装备的T-34-85中型坦克。

▲ 1972年春季攻势中北越装甲部队装备的T-54主战坦克。

队。美军的M48A3随即开火，北越坦克兵虽奋力击伤了一辆M48，但同时却有6辆PT-76被击毁。这次战斗表现了北越残余装甲部队在战术技能上的生疏，这也是最后一次北越坦克部队直接对抗美军的战斗。不过，北越军队由此获得了宝贵的坦克部队作战经验和教训，并且让北越军队司令部下定决心扩建坦克部队。到1974年为止，北越军队以中国和苏联援助的大量坦克先后组建了9个坦克团。

此后，越南战场上的北越坦克沉寂了很长时间，直到"蓝山719"战斗时北越的装甲部队才再次出现在战场上。这时T-54/59式主战坦克已经成为北越部队的主要装备（但在战争中，人们很难将中国的59式坦克与苏制T-54区分开来）。他们同来自中国的62式轻型坦克一起成为南越部队前进路线上的阻击火力点。而发生在第13着陆场周围的大规模坦克战中，北越部队虽然损失了25辆坦克但他们最终占领了那个地区。此后，南越及美国空军部队击毁了一百多辆沿途阻击的北越坦克，但是在混乱的溃退中，南越装甲部队的损失却更大。在1972年春季攻势中，北越人民军的T-54坦克在战斗中继续充当了先锋部队的

角色。在北部战线这些T-54攻陷了超过12个南越基地，但在东哈面对南越装甲部队的M48坦克时却损失惨重，他们不得不停下了前进的脚步。事实上，虽然这次战役中在坦克的数量上北越部队占有优势，但是在面对面的坦克对战中北越的坦克手却往往无法与南越的坦克手相抗衡。北越在1975年的最后攻势中依然是以坦克部队打头阵。但这次与其说是一场装甲实力上的比拼还不如说是一次南越的溃败。南越部队的恐慌导致北越部队几乎没费一枪一弹就进入了大部分城市。北越由T-54、T-34、62式坦克、63式装甲人员辆送车、ZSU-57、ZSU-23-4自行高炮构成的机械化纵队几乎没有遭到任何抵抗一路直达西贡附近的春禄，虽然一支依然拥有斗志的的南越装甲部队对其进行了微不足道的阻击，但防线很快就被攻破了，北越部队打开了进入西贡的道路（南越空军没有做出任何努力去阻挡沿海岸1号公路高速前进的北越重兵集团，尽管在这条公路上北越的坦克机械化纵队绵延数公里长）。就这样，30年的流血战争结束了，坦克的轰鸣声永远消失在了茂密的丛林中。